数字经济下体育旅游产业发展研究

苏　莹◎著

吉林出版集团股份有限公司

全国百佳图书出版单位

图书在版编目（CIP）数据

数字经济下体育旅游产业发展研究 / 苏莹著 . –– 长
春：吉林出版集团股份有限公司 , 2025.1
　　ISBN 978–7–5731–5120–9

　　Ⅰ . ①数… Ⅱ . ①苏… Ⅲ . ①体育 – 旅游业发展 – 研
究 – 中国 Ⅳ . ① F592.3

　　中国国家版本馆 CIP 数据核字 (2024) 第 111085 号

数字经济下体育旅游产业发展研究

SHUZI JINGJI XIA TIYU LÜYOU CHANYE FAZHAN YANJIU

著　　者	苏　莹	
责任编辑	李　娇	
封面设计	守正文化	
开　　本	710mm×1000mm	1/16
字　　数	253 千	
印　　张	13	
版　　次	2025 年 1 月第 1 版	
印　　次	2025 年 1 月第 1 次印刷	
印　　刷	天津和萱印刷有限公司	

出　　版	吉林出版集团股份有限公司
发　　行	吉林出版集团股份有限公司
地　　址	吉林省长春市福祉大路 5788 号
邮　　编	130000
电　　话	0431–81629968
邮　　箱	11915286@qq.com
书　　号	ISBN 978–7–5731–5120–9
定　　价	72.00 元

前　言

　　随着我国经济的快速发展，城市居民的生活水平和质量不断提高，人们更加倾向于户外旅行，并且希望能够积极参与其中，在愉悦身心的同时，还能锻炼身体、增强体质。在繁忙的工作之余，人们希望通过户外运动释放压力，广交友，多交流，增加个人幸福指数。从侧面来看，近年来的体育服务业、体育用品业和户外运动产业等都得到快速的发展，产业规模也不断扩大，同时也解决了部分就业问题，推动了经济发展，体育旅游已经成为人们不可或缺的现代生活方式。

　　当前，全球体育旅游市场正在以每年大约 15% 的速度不断增长。聚焦国内，从需求方面来看，居民可支配的收入有明显提高，闲暇时间也在不断增加，居民对于体育运动的参与程度和参与意愿也在显著增加。从供给方面来看，政府对体育旅游扶持力度逐渐加大，市场需求较大，而且市场准入门槛低，我国的体育旅游资源供给也日趋完善。从宏观上来看，体育旅游产业的发展是大势所趋，并且能够成为体育产业的重要支撑。

　　目前，我国正全面推进体育强国建设目标的实现，其中，大力发展体育产业已成为必然趋势。体育旅游作为我国体育产业的新兴项目，深受广大人民群众的喜爱，参与的人数逐年递增，参与需求不断提升。在此背景下，从多元化发展的视角来探讨我国体育旅游产业发展的取向及目标，也是撰写本书的核心目的。

　　本书共分十章：第一章，数字经济驱动的体育旅游；第二章，数字经济驱动的体育旅游产业；第三章，数字经济驱动的体育与旅游；第四章，数字经济驱动的体育旅游的发展规划；第五章，数字经济驱动的体育旅游产业的构成及影响；第六章，数字经济驱动的休闲中的体育旅游；第七章，数字经济驱动的休闲体育产业发展；第八章，数字经济驱动的体育旅游与社会休闲；第九章，数字经济驱动的体育融入农家乐旅游的发展；第十章，数字经济驱动的体育旅游的可持续发展。

　　将体育旅游管理的内容介绍给大家，是编者在编写过程中努力追求的目标。但由于知识水平和能力所限，本书还存在许多不足和欠缺之处，希望得到各位读者和同行们的帮助、批评、指正。

苏莹

2023 年 11 月

目　录

第一章　数字经济驱动的体育旅游

本章为数字经济驱动的体育旅游，共分为三节，分别是数字经济驱动的体育旅游的作用和意义，数字经济驱动的体育旅游的产生与发展，数字经济驱动的体育旅游产品及开发。

第一节　数字经济驱动的体育旅游的作用和意义

体育旅游作为体育与旅游交叉融合而产生的一种新兴特色旅游，相对于传统旅游，对旅游者来说，更具有特殊的招揽作用：第一，体育旅游是一种高参与度的旅游活动，旅游者与目的地之间具有更强烈的互动性，更能激起旅游者的兴趣；第二，"体育"是时尚，旅游也是时尚，将体育与旅游产品结合起来开发，更有利于吸引游客的参与；第三，对于自然景观缺乏的地区来说，体育比赛等项目可作为旅游资源来替代自然景观，吸引旅游者；第四，对于具有较好接待条件，但接待效率不高的地区来说，可以利用体育旅游项目来吸引游客，以最大限度地提高现有条件和设施的利用率。

尽管当代社会关于体育旅游的研究还处在萌芽状态，但体育旅游以其独特的魅力已成为现代旅游业和体育产业的一个重要组成部分，成为一个全球性的社会文化现象，在我国也形成了一定的规模和市场，在我国国民经济和社会发展中发挥着越来越重要的作用。例如，在发展第三产业和国民经济方面，体育旅游能够增加国家创汇、平衡国家收支、大量回笼货币、平衡国内需求、为社会创造大量就业机会、提高国民素质、刺激相关行业的发展、促进国际经济文化的合作与交流。在推动社会发展方面，体育旅游有助于提高国民的身心健康，提高人们的生活质量；增进国际友好往来，扩大国际合作；弘扬中华优秀传统文化和促进科学技术文化的交流等。

一、体育旅游对增加国内生产总值的作用和意义

（一）增加外汇收入

旅游业是一个开放性的国际性产业，通过现代旅游业的发展，不仅能吸引国际资金的注入，参与国际市场竞争，改善对外经济关系，还通过发展旅游业，吸引大量国外旅游者入境旅游，增加外汇收入，因而大力发展国际旅游已成为各国非贸易创汇的重要手段。

据世界旅游组织经济报告 1998 年第 1 期的分析，对于世界上 83% 的国家来

说，旅游是五大创汇部门之一，至少占其外汇来源的 38%。

体育旅游在旅游业发达国家，相对于传统旅游，其创汇可以达到一个较高值。第一，体育旅游产品所含附加值较高。主要体现在：为体育旅游者提供健身、康复、体育医疗等的技术指导方面的附加值，为体育旅游者提供参加活动的运动器材、装备等的附加值，体育旅游服务含有文化、教育、娱乐、休闲等内容。第二，现代国际体育交流越来越频繁，体育产业已成为一个相对开放的国际性产业，与同样具有开放性的旅游业相结合，其吸引外资，吸引外国游客，增加外汇收入的作用不容小视。从世界范围来看，体育旅游不仅是发达国家创汇的重要部门，也成为亚太地区发展中国家和地区的重要创汇产业。据统计，瑞士仅滑雪旅游一个项目，每年接待外国体育旅游者高达 1500 万人次，创汇 70 亿美元左右。每年到澳大利亚旅游的游客中有 5% 是专程去打高尔夫球的，仅此一项体育旅游项目创汇就是惊人的。我们的近邻日本、韩国等以滑雪为特色之一的体育旅游也很活跃，吸引着大量海外游客。

（二）加快货币回笼

随着人们收入的逐步增多，生活水平的不断提高和改善，必然促使人们的消费结构改善，从而有更多的可支配收入用于旅游活动（包括体育旅游）。因此，大力发展旅游业，激发人们的旅游动机，促进各种旅游活动的开展，可以扩大旅游消费，加快货币回笼。

（三）扩大就业机会

现代旅游是一个以提供劳务商品为主，包含多种服务内容的劳动密集型产业，并且旅游业的劳动力比较强，可以促进相关产业的发展，增加相关产业就业，从而为社会提供较多的就业机会。体育旅游作为一种特殊旅游，相对于传统旅游，需要更多更专业的服务，比如一些需要一定技巧的体育旅游项目就需要有专业培训人员进行指导。因而，可以带动更多相关产业的发展，可以提供更多的就业机会。2000 年全国旅游业直接从业人数为 5 641 509 人。世界旅游组织的相关资料显示，按照旅游业每增加一名直接就业人员，社会就增加 5 个就业机会来算，

2000 年全国旅游间接从业人员达 3000 万人，这对缓解就业压力有重大意义。

（四）带动相关产业发展

体育旅游的关联带动功能很强，作为一个相对独立的综合性产业，其生存和发展与其他行业密切相关。开展体育旅游，要有规格齐全的能够满足各种运动项目需要的体育运动器材，要有齐备、方便的交通工具，要有保证各种体育用品、纪念品供应的商业服务，要有舒适、令人满意的食宿条件等。总而言之，开展体育旅游可以直接或间接地带动体育用品、交通运输、商业服务、食宿服务、建筑、邮电、金融等相关产业的发展，进而促进整个国民经济的发展。据世界旅游组织测算，旅游业每收入 1 元，相关行业的收入就能增加 4.3 元。有人测算，在中国，国内旅游业每收入 1 元可使第三产业增加 10.7 元。旅游对相关产业的带动力比较大，体育本身也是一个关联性比较强的产业，可以直接或间接带动体育用品、建筑、金融等产业的发展，体育与旅游相结合的体育旅游从理论上来讲应该具有更强的相关产业的带动力。如各国登山爱好者为了攀登珠穆朗玛峰纷纷聚集拉萨，极大地带动了拉萨的经济，使拉萨成为一个国际化的城市。

（五）积累建设资金

任何经济产业的发展都离不开资金的投入，但同时又不得不考虑投资效率和发展速度问题。体育旅游在社会主义市场经济条件下是一种经济行业，当然要考虑投入产出效益。就传统旅游而言，早已被人们称为"无烟工厂""无形贸易"，具有投资少、收效快、利润大、创汇多的特点，在自身经济效益不断提高，为自身持续发展积累资金的同时，还能为其他产业积累建设资金。有报道指出：体育旅游的利润是传统旅游的 3 倍，体育旅游如果能得到充分发展，其积累资金的能力不容小视。特别是对于西部地区来说，利用丰富的体育旅游资源开展体育旅游，由于其在理论上利润较高，有可能会成为吸引国内外尤其是东部沿海发达地区民间资本的一个渠道。

（六）促进旅游区增收致富

从实践经验上来看，一般的工业化过程未必一定带来"增收致富"的效果，因为在大量资金密集型产业的投入中，资本要素比重是比较大的，在分配中资金所有者拿走的利润比重也最大，这与当地增收致富的目标并不一致。旅游业发展经验表明：旅游业（包括体育旅游）是一个低投入、高产出、利润大的劳动密集型产业，比较适宜作为优势产业开发。从实际来看，我国西部少数民族地区和经济不发达地区是旅游资源包括体育旅游资源富集的地区，在发展旅游业的过程中，发挥体育和旅游叠加的优势，开发特色鲜明、品位较高的体育旅游产品，创造"1+1>2"的效益，对人民群众增收致富、加快综合开发和社会发展具有一定的推动作用。

二、体育旅游在社会发展中的作用和意义

（一）提高国民的身心健康，提高人民的生活质量

体育旅游从本质上看是一种文化事业，是人类社会文化的重要组成部分。文化是人类社会特有的现象，不过，在体育旅游文化中，一些天然的自然景点却进入了人们文化生活的范围，这些自然资源作为吸引人们参加体育旅游活动的重要前提，成为体育旅游区别于大众健身运动的重要标志之一，譬如说体育旅游自然资源中雄伟的高山、清澈的流水、无边的大海、碧绿的森林、洁白的冰雪等，这些优美的自然环境都是十分有利于旅游者身心健康的。

融入山野，参加体育旅游，符合现代休闲中回归大自然的潮流，不仅可以改善人的身体健康，还能使人高度紧张的神经得以放松，感到精神愉快，从而可以调节人们的某些不健康的情绪和心理，使人保持良好的心理状态，以积极而又平和的心情重新投入工作，同时，由于运动的激励，还可以加强人的自尊心、自信心和自豪感，增添生活情趣。总之，体育旅游可以起到磨炼意志、增强体质和体能、开阔眼界、亲近大自然、满足求知欲、陶冶情操、促进国民身心健康、改善人民生活的作用。

（二）交流社会信息，传承现代文明，增进社会交往

大规模的旅游经济活动，可以使社会信息得到充分的交流，从而传承现代文

明，促进各种社会关系的协调及进步。在体育旅游方面，以旅游为永恒主题之一的奥运会，可以说是一个典型的推动和促进全球范围内各国各民族文化交流与融合的例子，奥林匹克运动以其被普遍认可的价值观念，使大家聚会在一起参加或观赏比赛，为大家架设了一个相互交往、相互了解和学习的桥梁。

（三）促使优秀的民族传统体育文化并得到发掘、振兴

中华民族拥有众多优秀的民族传统体育项目，开展民族传统体育旅游，有利于民族传统体育文化的弘扬与发展。例如，中华武术作为中华民族传统文化中的瑰宝，吸引着中外仁人志士，开展以娱乐、健身养性为目的的武术旅游，将是人们感受武术文化魅力，体味武术文化精华，领悟自然、人生哲理的有效途径。在青少年中开展武术文化修养旅游，更能开阔他们的视野，了解中华民族灿烂多彩的文化。这将会激发一部分有志于弘扬中国传统武术文化的青年献身于武术事业，使这宝贵的文化遗产发扬光大。通过开发武术文化旅游资源，还可以促进中国武术在国际的民间交流，在交流中使武术文化的精华得到锤炼、保留和发挥，使落后的东西逐步被淘汰，从而使中华武术文化个性更加突出，增加武术文化旅游对旅游者的吸引力。

（四）有利于科学技术的发展与传播

体育旅游从诞生起，就一直是采用先进科技成果的前沿行业。科学技术的发展推进了体育旅游业的发展。例如，轻型飞行器的出现，推动了热气球探险旅游的形成；人工造雪设备的出现，延长了滑雪场的营业时间；等等。而体育旅游业的发展又为科技成果的应用提供了广阔的舞台。例如，我们在登山探险时，就需要许多必需的保障设备，如氧气装备、摄影器材、自卫武器、交通工具、观察仪器、医药救护器材等，这些保障装备几乎都是科技发展的成果。作为体育旅游资源之一的全球体育盛会——奥运会，更是各国展示自己科学成果的橱窗。现代体育旅游广泛运用各种科技成果来发展自己，服务经济与社会，满足广大人民群众不断发展的各种需要的过程，实质上也就是把科学技术向大家传达的过程。所以说，体育旅游作为社会文化交往的一部分，在科学技术的发展与传达中发挥着重要的作用。

（五）扩大旅游领域和体育产业的发展空间

体育与旅游的融合为体育和体育产业拓展了巨大的发展空间，也为旅游提供了可以利用的旅游资源和发展动力。发展体育旅游，既能改善旅游产品结构，丰富文化旅游产品体系，促进旅游业的发展，又能以其优先发展领域，拉动体育需求发展。促使体育产业成为新的经济增长点，带动和促进体育产业的发展，从而促进我国国民经济和社会的发展进步。

（六）有利于全民健身活动的开展

体育是各国向世人显示国力的途径之一，中国也注重利用体育扩大国际影响力，故而比较重视竞技体育的发展。然而，随着中国体育的不断崛起，体育将发挥其本质功能——增强人民体质。全民健身将是体育发展的主要方向。使全民健身活动成为当今体育界研究的中心，体育旅游的开展可以说是迈出了有效的一步。

三、体育旅游对旅游者的作用和意义

（一）陶冶情操，有益健康

现代社会在不断进步，同时人们的生活方式在不断变化，这在不同程度上影响着人的身心健康，以营养过剩、运动不足、精神压力过大、酗酒、吸烟等不良生活方式为诱因产生的肥胖病、高血压、糖尿病等现代文明病和呼吸循环系统疾病正威胁着人们的身体健康。严峻的现实改变了人们的观念，即以积极预防代替有病求医的传统观念。大众体育蓬勃兴起，体育进入千家万户，成为人们生活中一项不可缺少的、健康的余暇活动。它不仅对促进人们的身心健康等起到了积极的作用，而且体育旅游中的轻松愉悦，有效地缓解了现代生活快节奏给人带来的紧张情绪。体育旅游中融洽的人际关系，有力地改善了不良情绪。对体育运动的忘情执着，是对人生各种焦虑、沉郁心境的一种超越。体育旅游有益健康、陶冶情操，并正在成为一种时尚。

（二）塑造美好心灵

随着现代社会的演进，在物质丰富的同时，人们更多地渴望能走出自我生活、工作的狭小空间，到广阔的大自然中去。通过体育旅游，不但可达到娱乐、消遣的目的，还可以调节情感、愉悦身心，在活动中锻炼身体，使高度紧张的神经得以放松。

体育旅游还可以调节人们的某些不健康的情绪和心理，从而使人保持良好的心理状态。由于运动的激励，还可以增强人的自尊心、自信心和自豪感，增添生活情趣。体育旅游可称作现代人的一种文化消费和精神享受，可以说，体育旅游是塑造人的美好心灵的重要途径。

（三）开阔视野，挑战人类体能极限

人们通过标新立异的、使人兴奋的或是惊心动魄的体育旅游活动，如攀岩、登山、划船、蹦极、热气球、大江大河漂流、火山口探险、沙漠探险、观赏猛兽的出没、狩猎等，开阔了眼界、认知了社会、了解了自然、满足了自身的求知欲，追求并实现了富有人生哲理的自我存在价值，提高自己的精神境界，并从中获得由衷的喜悦。此类体育旅游活动具有一定的风险性，但旅游者能够在这种风险中寻求刺激，获得欢乐。在大自然中，面对峥嵘突兀的崇山峻岭、博大无堤的海洋、滔滔奔泻的洪流、变幻无常的沙漠，体育旅游体现人类征服自然的勇气和信心，展示参加者的坚毅和智慧。在此过程中，既可以挑战人类体能极限、磨炼意志、增强体质和体能，又能寻求一种日常生活工作中无法体验的身体及精神的满足。

第二节　数字经济驱动的体育旅游的产生与发展

第二次世界大战结束之后，随着科学技术和社会生产力的发展，旅游已成为现代社会生活的必要组成部分。旅游作为一种大规模的社会文化和社会经济现象，对社会生活产生了巨大的影响。19 世纪末 20 世纪初，随着旅游活动的广泛开展以及科学的不断发展，开始有学者就旅游活动及旅游业发展进行研究，旅游学科逐步形成并发展起来。

一、国内外旅游的发展与现状

近年来，随着社会经济的发展，人们生活水平的大幅度提高，余暇时间的增多，旅游越来越被人们所喜爱，形成闲暇消费的热点。当今，旅游产业已成为世界第一大产业。

（一）国外旅游的发展状况

旅游是从早期旅行发展而来的。作为人类社会生活的一项重要内容，旅行的起源非常久远。但就全球看，由于世界各地区、各民族的发展历史进程不同，因而人类的旅行活动究竟源自何时，并无统一的年代界定。从历史考察来看，腓尼基人、中国人和印度人可能是最早的旅行者，大约在公元前 4000 年，他们就到处周游进行贸易交往。由于人类早期的旅行主要是出于经商和贸易的需要，旅行的目的和内容单一，旅行人数规模和范围有限，社会影响也较小。

旅游活动虽然历史悠久，但旅游活动的大规模兴起则是在近代社会的产业革命之后。英国人托马斯·库克以一个偶然的机会开始其旅游业生涯，他不仅组建了旅游的各种经营机构，开发了多种形式的旅游活动，并以一种全新的旅行业务向旅客提供综合性旅游服务，从而开创了近代旅游业。与此同时，在欧洲出现了许多相似的组织，为游客提供日程安排、交通工具等服务。由于工业革命带来生产力和人们生活水平的提高，加之交通运输状况的改变，推动了旅游业的发展。旅游者的增多和出游量的增加，也带动了社会上为旅游提供服务的相关行业的发展，到 19 世纪后期，旅游作为一种产业已初见端倪。

进入 20 世纪后，随着交通工具的发展，为旅游活动提供了更加便捷的交通条件，人们期望着有更多和更丰富的旅游活动。

第二次世界大战结束后，随着科学技术和社会生产力的发展，旅游已成为现代社会生活的必要组成部分。据世界旅游组织的统计，1950 年世界各国接待国际旅游者 2530 万人次，国际旅游收入近 21 亿美元；1960 年世界各国接待国际旅游者 7210 万人次，国际旅游收入 68 亿美元；1970 年世界各国接待国际旅游者 15870 万人次，国际旅游收入 179 亿美元；1980 年世界各国接待国际旅游者 28500 万人次，国际旅游收入达到 925 亿美元；1992 年世界各国接待国际旅游者 47600 万人次，国际旅游收入 2790 亿美元；1996 年世界各国接待国际旅游者 59300 万人次，国际旅游收入 4230 亿美元，仅过 4 年国际旅游收入就增加了 51.6%。另据统计，1999 年全世界入境过夜旅游者人数达 6.57 亿人次，旅游外汇收入达 4550 亿美元。

（二）中国旅游业的发展现状

截至 2004 年，中国入境旅游、出境旅游和国内旅游均快速增长，旅游产业规模日渐庞大，已成为全球第五大旅游国。全年入境旅游人数达到 10 904 万人次，比 2003 年增长 18.96%，旅游外汇收入累计为 257 亿美元，比 2003 年增长 47.87%。公民出境旅游超过 2800 万人。国内旅游出游人数达到 11.02 亿人次，首次突破 10 亿人次大关。国内旅游收入达到 4711 亿元。2004 年底全国共有 15 339 家旅行社，新增加 1978 家，其中，国际增加 108 家，国内增加 1870 家，旅行社总资产 424.38 亿元。国家森林公园、99 个列入国家级历史文化名城、100 多个列入国家和省级旅游度假区，数以万计的各类景点和主题公园遍及全国各地。

1996 年（第九个五年计划的第一年），海外旅游人数首次突破 5000 万人次大关，达到了 5112.75 万人次，世界排名第 5 位；旅游外汇收入突破 100 亿美元大关，达到了 102.02 亿美元，居世界第 9 位。

1998 年，中央经济工作会议作出了"把旅游业列为国民经济发展新的增长点"的决策之后，有力地促进了旅游产业的快速发展，同时带动了相关产业的繁荣，使其他产业功能也得到了更好的发挥。

1999 年，在中央经济工作会议上，旅游产业再次被确定为国民经济发展新的增长点。同年接待入境旅游者 7279.56 万人次（其中过夜入境旅游者 2705 万余人次，外国人旅游者 843 万人次），相当于 1978 年的 40 倍以上；居世界旅游接待人数（以过夜入境旅游者为基数）第 5 位；外汇收入 141 亿美元，相当于 1978 年的 54 倍，居世界旅游收入第 7 位。国际国内旅游总收入达到 4002 亿元

（其中国际旅游收入 141 亿美元，国内旅游收入 2832 亿元），占国内生产总值（GDP）的 4.9%。

2000 年，接待入境旅游者达到 8348.09 万人次（其中过夜入境旅游者 3123.56 万人次，外国人旅游者 1019.9 万人次），仍然保持世界旅游接待人数第 5 位，外汇收入达到 162 亿美元。仍居世界旅游收入第 7 位。旅游总收入预定目标是 4500 亿元，占国内总产值的五成，实际达到 4519 亿元（国际旅游收入 162 亿美元，国内旅游收入 3175 亿元），占国内生产总值的 5%，超过了预期目标。

"九五"期间（1996—2000 年），中国旅游业累计接待海外旅游者 32 847 万人，年平均增长 12.5%；累计外汇收入 651 亿美元，年平均增长 13.3%。持续高居世界旅游业发展前列，并适度超前于国民经济的增长速度。

"九五"计划确定的各项发展目标全面超额完成，五年累计国际国内旅游总收入约为 17 559 亿元，约是"八五"期间旅游总收入的 2 倍。五年中旅游生产力全面增长，旅游产出水平大幅度提高，旅游服务商品结构不断完善。全国具有一定规模的接待海内外旅游者的旅游景区（点）已超过 1 万个，涵盖了自然景观、历史文化、民族风俗、城市面貌以及社会生活等各个方面。完成了中国从"旅游资源大国"向"亚洲旅游大国"的转变，为实现 2020 年建设"世界旅游强国"的战略目标奠定了基础。

2001 年外汇收入达到 178 亿美元，居世界旅游收入第 5 位。2002 年旅游总收入突破了 5000 亿大关，达到了 5566 亿元，占国内生产总值的 5.5%。旅游产业已成为中国第三产业中最具活力和潜力的新兴产业。旅游总收入占国内生产总值的比重，由 1978 年的 0.6% 上升到 2000 年的 5%，旅游业作为经济的一个组成部分，促进了中国经济的发展。

我国旅游业仅用了 20 多年的时间，走完了许多旅游发达国家半个多世纪所走的历程，但是作为一个新兴的、有待成熟的产业，中国旅游业的发展，必须以市场为基础，靠政府倡导。国务院关于旅游业是国民经济新的增长点和第三产业重点的定位，全国已有 2/3 以上的省、自治区、直辖市对旅游业发展的产业进行了定位，约有 1/2 的省确定 21 世纪建成旅游名省、大省、强省、发达省、先进省的目标定位，这从宏观层面上推动着旅游业的发展。20 多个省（自治区、直辖市）

已作出了加快发展旅游业的决定，国务院也发布了旅行社管理、导游员管理等一系列条例、规定，国家有关部门颁发了一系列旅游行业和相关行业标准，20 多个省、自治区、直辖市人大通过了旅游管理条例。全国多地设立了旅游行政管理机构，这些都为旅游产业的发展提供了政策、法规和管理机构上的保障。

二、国内外体育旅游的产生与发展

体育旅游是旅游和体育的结合，是通过体育资源与旅游资源的互补互利，把体育作为主要内容的一种旅游活动。根据各地的地理位置、气候条件、自然环境、人文条件等，配合全民健身活动的开展，为满足人们较高层次的文化娱乐健身等需求而大力发展体育旅游业，开发与充分利用体育和旅游资源，这对体育市场的拓展和旅游业的发展，以及对整个国民经济的增长和社会进步都有着积极的意义。

（一）国外体育旅游的发展状况

就体育旅游而言，其发展实际上与近代旅游业的出现基本上是同步的。如果说以托马斯·库克为代表的商业性旅游机构出现时，在以食、行、观、住、购、娱为主体所构成的旅游业中还没有以体育为特色的专门旅游项目的话，1857 年，英国人就成立了登山俱乐部并向登山爱好者和旅游者提供各种服务。1885 年，英国又成立了野营（帐篷）俱乐部，主要是向喜爱野外活动的旅游者提供野外的食宿设施及相关服务。1883 年，挪威、瑞士等国成立了滑雪俱乐部，为滑雪爱好者提供各种服务；法国、德国在稍后的 1890 年成立了休闲观光俱乐部，并向旅客提供类似的服务活动。

人们对体育休闲旅游的需求，刺激了西方近代休闲娱乐设施的发展。最初人们去疗养地，如温泉疗养地等，是相信饮用或淋浴矿泉水等具有医疗效果。19 世纪，疗养地的利用主要还是医疗保健性的。但人们在疗养的同时，也需要娱乐消遣。于是，除在温泉疗养地设置医疗设备外，逐渐增设了部分提供消遣和娱乐的设施。

到了 19 世纪后半期，消遣的概念开始产生。随着欧美国家人们生活水平的提高、闲暇时日的增多以及新观念和新文化的发展，休闲、度假、疗养、健身、娱乐活动逐渐成为一种时尚。消遣旅游的足迹开始遍及世界各地风景秀丽和气候宜人的海滨、温泉、山区、峡谷、森林及著名的大都市。一大批集吃、宿、游、娱于一体的闲暇疗养胜地、度假中心、娱乐场所、休闲设施欣欣向荣地发展起来。室内娱乐项目开始出现骨牌、投镖、台球、桥牌、保龄球等。户外开始流行登山、滑雪、漂流等体育项目以及赛艇、垂钓、打猎、棒球、垒球、网球、高尔夫球、射击等休闲体育健身活动。实际上，各类休闲、健身以及娱乐活动的发展同旅游业的发展一样，最初服务于上层社会，继而逐步转向大众消费者，并逐渐成为近代旅游产业的重要组成部分。

20世纪初，以体育健身和各种闲暇娱乐为主体的休闲娱乐业在一些国家初步形成规模。例如，美国在1929年时，休闲娱乐业占服务业国民收入的8%，占全国国民收入总额的0.93%。

20世纪中后期，随着旅游业的快速发展以及体育运动的普及，以体育运动为特色的旅游项目在欧美国家得以迅速发展。

人们所喜爱的高山滑雪、徒步登山、海边沐浴、帆船、冲浪以及攀岩、漂流、探险等冒险刺激类项目，都是体育运动与旅游的结合。在亚洲，日本和韩国的许多旅游点还设有相应的体育娱乐项目和设施，给旅游者提供体育健身娱乐服务。在经济发达的国家，利用自然资源举办各种野营和回归大自然的活动也相当普及。

除参与性体育旅游之外，观赏性体育旅游也随着人们对奥运会、世界杯足球赛等大型国际比赛与日俱增的热情而蓬勃发展起来。利用大型国际体育赛事进行体育旅游开发，已成为大赛主办国与举办城市极为重视的重要的经济收入来源，旅游行业本身也从奥运会等大型比赛的旅游商机中最大限度地受益。

体育旅游是旅游业与体育的结合，是体育资源和旅游资源开发的互补与互利。近几十年来，世界旅游业快速发展。在各国旅游资源的分类中，多将有影响的国际性体育比赛（如奥运会、世界杯足球赛和其他国际性赛事等）和富有特点并具有一定规模的文化体育、健身娱乐场所，作为现代人造旅游资源，甚至体育场馆都可加以开发利用。例如，世界一些知名足球俱乐部的主场，很多游客专程前往参观，西班牙皇家马德里足球俱乐部伯纳乌球场门票约 20 美元，还可以看到球星训练。

体育与旅游的结合在国外已有近百年的历史，而今作为现代人生活方式的内容之一，体育旅游业在世界许多经济发达国家已得到较为广泛的开发和充分的利用。根据自然地理条件和人们对体育旅游活动的不同爱好与需求，各类体育旅游项目发展已形成特色。

（二）中国体育旅游的发展现状

中国历史悠长、地域辽阔，丰富的体育旅游资源，为发展体育旅游业提供了良好的自然条件。在北方各省有天然滑雪场以及国家级森林公园数十个，是冬季滑雪旅游的胜地；在我国万里海岸线上，有许多著名的海滨城市，如大连、秦皇岛、青岛、厦门、三亚等地，都是游泳、潜水、日光浴等理想的体育旅游场所；内陆众多的江河、湖泊和水库多可用于开展漂流、划船等体育娱乐活动；我国的众多名山也为登山、攀岩等活动的开展创造了条件。

我国改革开放之前，由于人民生活水平普遍较低，绝大多数人只能是就地从事一些如跑步、打球、游泳、钓鱼、登山、骑自行车、溜冰等健身活动。1979—1992 年，在旅游业发展的带动下，大量星级宾馆、饭店的兴建，使许多海外健身配套设施进入大陆。交通、通信等基础设施的极大改善，也为人们的出行旅游带来了方便。随着改革开放的深入，人民生活水平的提高，对健身活动的要求趋向多元化。体育旅游作为一种可供选择的健身休闲方式，因其兼有娱乐、刺激等独特的魅力，越来越受到人们的欢迎。滑雪、漂流、攀岩、登山、沙漠探险、徒步旅游、自行车旅游、自驾车旅游、高尔夫旅游、武术健身游、海滨健身游等体育旅游项目在我国逐渐兴起。

从 1986 年尧茂书长江首漂到 1996 年余纯顺探险，也使更多的人认识了漂流和探险运动。据统计，20 世纪 90 年代末，我国的营业性漂流场所已达 150 多家，野外探险活动也开展得如火如荼。早些年，冰雪旅游对大多数中国人来说还是陌生而神秘的，1995 年，国家旅游局在东北地区召开了第一次全国滑雪旅游研讨会，提高了有关部门对大力发展滑雪旅游的认识，宣告了中国滑雪旅游的正式起步。

1998 年，冰雪资源丰富的黑龙江和吉林分别参与举办了一年一度的滑雪节，至今已成功举办了多届。

体育项目与旅游自然资源的结合，给一些地方带来了社会效益和经济效益。如黑龙江省充分利用冰雪资源开展丰富多彩的体育旅游活动，2000 年冬季全省共接待游客 358 万人次，2001 年仅春节 7 天时间就接待中外游客 135 万人次。吉林市北大湖国际滑雪场旅游接待量就达 4 万人次，同比增长率为 19% 和 21%；哈尔滨市亚布力滑雪旅游度假区接待游客为 1.7 万人次，同比增长率为 17%，整个度假区的住宿设施爆满。其他省市，如贵州在国家级风景区马岭河峡谷举行首届国际皮划艇漂流赛，在银川举行了国际摩托车旅游节等，都进一步拓宽了人们的旅游视野与活动范围。

发展我国的体育旅游业，现已开始得到国家有关部门的重视与支持，如把 2001 年定为"体育旅游年"，并在国家旅游局文件中公布了 2001 年中国体育健身游主要活动内容。这些体育旅游产品的推出，对促进我国体育旅游的发展有着积极的意义。

在体育旅游方面，除登山、滑雪、海滨游泳等传统的项目，近年来在我国的一些地方，新的具有体育特色的项目，如漂流、攀岩、滑草、温泉浴以及驾车旅游等也正在开拓之中。以体育为名称的旅行社开始成立，并开展相应的业务活动，部分省（自治区、直辖市）把发展体育旅游作为当地旅游经济新的增长点或重点。如，安徽和浙江等省的旅游管理部门把体育旅游定为当地旅游业开发的重点；甘肃省以举办丝绸之路汽车拉力赛来刺激本省和西北地区旅游的升温；无锡市在太湖旅游风景区兴建山地自行车赛场，增加新旅游项目并形成特色以保旅游业的可持续发展；武汉市正在开发畅游长江的体育旅游活动，并准备将这一传统项目打造成为品牌。

开发体育旅游，这不仅对全国旅游业的发展有着重要的现实意义，对西部和东北省市改变经济发展滞后于东中部地区的现状也能起到实际作用。国家已提出西部大开发和振兴东北老工业基地的战略目标，西部和东北各省区都提出了相应的规划。大多数省份把发展旅游业作为当地经济新的增长点或重点发展的行业之一。体育本身也是一种重要的旅游资源。结合当地的地理位置、气候特点和自然条件、在时空构架上充分挖掘体育旅游资源，对各地体育市场的扩展和旅游业的发展都具有积极的意义。

第三节 数字经济驱动的体育旅游产品及开发

一、数字经济驱动的体育旅游开发的概述

"开发"一词是经济学的概念，在文献中最早见于《汉书·孙宝传》："时帝舅红阳侯立使客因南郡太守李尚占旦草图数百顷，颇有民所假少府陂泽，略皆开发，上书愿以入县官。"其意是说汉成帝时，其舅舅红阳侯王立派人找南郡太守李尚，侵占开发了几百顷田地，其中有些是百姓租赁少府的山坡湖泽，略做开发，便上书朝廷希望纳归政府管辖。此段文字中的"开发"一词，即垦殖土地，这种将资源转变为产业的社会劳动过程就是开发。"转变"是一个复杂的技术过程，并且由多方面因素、多种环节组成。旅游开发同其他产业开发有着相同性，即开发旅游资源形成旅游产业，它是由开发出的景点及建设配套设施组成的旅游业。旅游开发是一项综合性开发，也是有一定空间范围的地域旅游开发。所谓旅游开发，就是根据当地条件，运用适当的资金、技术，通过科学的调查与研究等，使未被利用的资源得以利用，已被利用的资源在深度和广度上得到加强，并对资源、市场、商品、人才等进行综合研究，确定发展方向，创造更佳的效益过程。可见，体育旅游开发就是对体育资源、市场、商品、人才等进行综合研究，确定发展方向，创造更佳效益的过程。

二、数字经济驱动的旅游开发的特点

旅游开发同其他产业开发相比，具有以下特点：第一，多元性，即旅游是由多要素组成的复杂的物质体系，在开发时要对各因素进行充分的综合考虑。第二，多层次，即旅游开发空间由范围大小不同的区域、地区、景区和景点组成，因而在规划、设计内容与标准上有不同的要求。第三，动态性，即开发是一个动态过

程。旅游业发展是由小到大，由单一到综合，由粗放到简约化的过程，所以，在时间段上有着不同的要求和规定。

三、数字经济驱动的旅游产品的概述

（一）旅游产品的概念

从旅游目的地的角度来看，旅游产品是旅游经营者凭借旅游资源、旅游设施和旅游交通，向旅游者提供的用于满足其在旅游活动中的综合需要的服务总和，它是以服务的形式表现出来的产品。旅游产品是一个整体概念，是各单项旅游产品的总和。具体地说，一条旅游线路就是一个单位的旅游产品，在这条线路中，除了向旅游者提供各类旅游资源外，还包括沿线提供的交通、住宿、餐饮、娱乐、购物等各种服务。作为旅游六大要素的食、宿、行、游、娱、购都是整体旅游产品中的单项旅游产品，这些单项旅游产品一般通过旅行社将其组合起来，形成一条旅游线路，即整体旅游产品。在国际旅游中，一个单位的旅游产品是以旅游者人次来表示的。也就是说，如果一个国家或地区在一年中接待 100 万旅游人次，就意味着向旅游者提供了 100 万次旅游活动，销售了 100 万个旅游单位的旅游产品。从旅游者的角度来说，旅游产品是指旅游者花费一定的时间、费用和精力所获得的一段旅游经历，这个经历包括从旅游者离开常住地开始，到旅游结束归来的全部过程，对所接触的事物、事件和接受的服务的综合感受。旅游者用货币换来的不是一件件具体的实物，而是一种经历。

（二）旅游产品结构

如前所述，旅游产品是旅游经营者为了满足旅游者旅游活动所需的各种产品和服务，而向旅游市场提供的一种组合产品，如观光旅游产品是以自然风景、人文景观和社会风情为依托而形成的一种组合产品形式，它们在一定历史时期对一定的旅游者具有特定吸引力。旅游产品是多种多样的，可以从不同的角度进行分类，如，从旅游者旅游过程来看，可以分为交通、游览、住宿、饮食、购物、娱乐、通信等服务性产品和事务性产品；从旅游者兴趣爱好角度来看，可以分为观光旅

游产品、度假型产品、探险型产品、娱乐型产品、体育健身型产品、疗养型产品等；从旅游者的消费需求产品档次来说，可分为高档产品、中档产品和经济型产品等；从旅游经营者提供的旅游产品组合形式来看，可分为整体的旅游产品和单项的旅游产品。总之，旅游产品的结构是指不同类型的旅游产品之间及其内部的结构比例关系，如不同的交通工具、不同档次的饭店、不同的旅游线路、不同的旅游主题、合理的旅游产品结构，是旅游产品价值得以实现的保证。比如，旅行社所接待的旅游者数量要同旅游目的地，饭店、交通、风景区等部门所提供的接待能力相适应，任何一个环节脱节，或提供的旅游产品质量低劣，服务水平低下，都会影响旅游者的利益，影响旅游活动的进行。又如旅游景点重复建设，旅游项目雷同，旅游饭店建设追求高档次，也会造成同一旅游行业在类型、规格、等级等方面的结构失衡，严重影响旅游综合经济效益的发挥。因此，不同行业或同一行业内部所提供的旅游产品之间的结构必须成比例。同时，旅游目的地还应根据旅游者需求的多样性和变动性及其在不同时期的变化趋势，对旅游产品结构进行相应的调整，以便更好地满足旅游者的需求。

（三）体育旅游产品的设计与开发

旅游资源开发和设施建设以产品形式进入旅游市场，旅游产品就是供给旅游者消费的物质和精神要素的总和。在体育旅游产品的设计与开发中，应注意以下几点：第一，从区域资源优势出发，设计出具有地方和民族特色的产品系列，优化旅游产品结构。第二，发挥创造性，设计出新奇产品。旅游产品设计是科学—艺术—经济"三位一体"的创造，是知识经济的文化艺术再现。第三，在设计产品系列中要突出拳头产品，发挥其主导和带动作用。第四，旅游产品的设计要将点扩展成线，线扩展为面，特别是中心城市，在产品设计中要发挥接待基地作用和辐射作用，形成区域优势。第五，产品的多样性和多层次性。体育旅游者是一个特殊的旅游群体，他们不同于普通旅游者，更区别于体育爱好者，他们的需求随年龄、性别、文化程度和职业的不同呈现出多样性和多层次性。第六，体育旅游产品在设计和开发时，还应关注产品的观赏性、可参与性、实用性、安全性等特点。

四、数字经济驱动的体育旅游开发的必要性

体育旅游作为旅游的新潮分支已成时尚。随着人类社会的进步和发展，人们生活水平不断提高，经济收入和余暇时间不断增加。在消费观念和生活价值观飞速转变的同时，人们的旅游需求日益膨胀，不断升级。体育旅游作为旅游者的一种全新的体验，也适应时代潮流，逐渐成为现代生活中的一种文化时尚。

（一）"需求递进"与"个性满足"相吻合

需求是人类一切活动的出发点。旅游需求是人们从事一切旅游活动的出发点，是动力系统，能够激发人们的旅游动机。人类的需求具有前提性、递进性、能动性和永恒性，这一点同样适应人们的旅游需求，换句话说，人们的需求（包括旅游需求）是永不磨灭的、不断变化的，在某种特定条件下去激发人们从事某些活动获得个性满足。根据马斯洛的需求层次理论，旅游者的需求在不同时期有不同的表现，同时获得相应的个性满足。

（二）21世纪初人们的旅游需求与体育旅游的满足能力相吻合

现代旅游是一种综合性的身体活动方式，它不是一般意义上的游山玩水、观光游览，而是追求人与自然的融合（自然、环保、生态、健身）和人对自然的挑战（积极、勇敢、愉悦、刺激），以图达到回归自然，增长知识，健身、娱乐、消退、休闲、冒险等新、奇、异多种目的。体育旅游作为人们在余暇时间为达到返璞归真、释放压力、寻求刺激、冒险、健身等多种目的，于户外所进行的各种身体活动方式，以其活动主体的自选性、活动内容和形式的多样性，以及活动效应的综合性等特点，而具有其他文化形式所不具备的最广泛的"社会亲和性"，恰好满足了现代人的这一需求。

（三）体育旅游市场粗具规模

尽管中国发展体育旅游的历史相对较短，但随着中国国民经济的快速、健康、稳定发展，人民生活水平不断提高，广大群众对体育的需求和参与意识日益增强，从而使体育旅游得到了突飞猛进的发展。一是参加体育旅游的人数增多。根据国

家旅游局统计报告，20 世纪 90 年代以来，国内外旅游的人数剧增，1995 年国内旅游总人数为 6.39 亿人次，其中以休闲、娱乐、健身、康复、游览为目的的人数占 48.7%。一些具有民族特色的传统体育项目，如武术等吸引了众多的海内外体育旅游爱好者。这说明中国人民的生活需求发生了质的变化，进入小康的中国居民已不再满足于一般的物质消费，文化娱乐、运动、健身、体育旅游等已上升为人们新的消费需求。二是成功举办一系列大型的体育活动，如"丝绸之路国际汽车旅游拉力赛""北京—巴黎汽车远征活动""香港—北京汽车旅游""国际马拉松赛""塔克拉玛干沙漠探险旅游"等活动。

（四）体育旅游成为新时代中国体育的新时尚

在信息社会、经济全球化的浪潮下，21 世纪的体育与 20 世纪的体育相比，将更加注重娱乐与健康、休闲与放松，更加注重主体需要。人们对体育的需要同样具备前提性、能动性、递进性和永恒性，在新的历史条件下，中国的体育必须转型完成两个根本性的转变，即从强调体育为政治服务转向体育既要服务于政治，更要服务于大众，从强调体育的竞技价值，转向"娱乐、休闲、放松、健身"的双重价值取向，同时必须重视接受主体的需要，满足其身体与精神的双重享受。体育旅游以其独具魅力的价值，博得了人们的青睐。

现在试用以下公式来说明：传统体育，锻炼—发展体力（体质强壮）—作用于物质生产—财富；未来体育，休闲—培养全面发展的人（身心健康）—作用于知识经济—财富。这种情况足以说明，人们对于体育追求不再是只满足于身体强壮，而是追求一种更高、更深层次的东西——身心健康。体育旅游的出炉引领了现代人生活方式的潮流，丰富了现代人的生活。

（五）体育旅游的地位日渐凸显

体育旅游是旅游业与体育产业交叉融合而产生的新兴朝阳产业。发展体育旅游对促进旅游和体育产业的发展，对推动国民经济和社会发展以及人类的进步具有重要意义，成为国民经济新的增长点，在产业中的地位日渐凸显。

（1）体育旅游业应运而生并非偶然，有其必然性。美国经济学家曾经依据著名经济学家瓦西里·里昂惕夫的部门关联数学模型（里昂惕夫矩阵），定量计算国民经济各部门的产业关联度，推算出了体育行业与其他部门的产业关联度。

近年来，旅游者对休闲、娱乐、健身的热衷，无疑证明了旅游与体育更易于完美结合，进一步从现实的角度说明了体育旅游的兴起、体育旅游业的产生是必然的。

（2）体育旅游的发展必然带来巨大的经济效益。瑞士的洛桑曾对欧洲几个发达国家进行了一次调查，发现体育带来的经济效益仅占一个国家国内生产总值的1%～2%，对旅游业的贡献则为4%～5%，这不难说明体育与旅游的完美结合会产生巨大的经济效益。根据美国经济学家提出的乘数理论，体育旅游业的发展不仅给本行业带来巨大的经济效益，而且会拉动相关产业的发展，进而促进整个国民经济的发展。这些都显示着发展体育旅游的巨大经济潜力。

（3）体育旅游的发展必然增加外汇收入、加快货币回笼。体育旅游在旅游业发达国家，相对于传统旅游，其创汇可以达到一个较高值。第一，体育旅游产品所含附加值较高。第二，现代国际体育交流越来越频繁，体育产业已成为一个相对开放的国际性产业，与同样具有开放性的旅游业相结合，吸引外资，吸引外来游客，增加外汇收入的作用不容小视。大力发展旅游业，激发人们的旅游动机，促进各种旅游活动的开展，扩大旅游消费，加速货币回笼。

（4）体育旅游有利于社会的快速发展、人类的进步。体育旅游从本质上看是一种文化事业，是人类社会文化的重要组成部分。它的发展，有利于增进和提高国民的身心健康，提高人民的生活质量；有利于交流社会信息，传播现代文明，增进社会交往；有利于促使优秀的民族传统体育文化得到发掘、振兴；有利于科学技术的发展与传播；有利于扩大旅游领域和体育产业的发展空间；有利于扩大就业机会；有利于带动相关产业发展。另外，体育旅游有促进健康、陶冶情操、体验人生美好的积极作用。体育旅游也可称作现代人的一种文化消费和精神享受，也是塑造人的美好心灵的重要途径。

五、我国体育旅游的开发与思考

（一）重视体育旅游资源的开发

中国土地辽阔，地形复杂，气候多样，河流众多，湖泊棋布。名山、名湖、峡谷、瀑布、海滨等举世闻名，具有开展体育旅游的优越条件，要重视体育旅游资源的开发与利用。一是结合民族特色开展旅游节，如民族特色的旅游节，有中国荆州端午龙舟节、少林武术节、西双版纳泼水节、新疆少数民族摔跤节等，都具有鲜明的民族特色，是开拓体育旅游的宝贵资源。二是注重结合现代人对体育旅游产品的需求，开发多种有利于人们参与的体育旅游消费产品，如苏州乐园、高尔夫球、滑雪旅游、度假村等。三是合理开发体育资源。我国各个省市都有体育训练基地和大批优秀的体育运动人才。随着现代人对体育的关注程度越来越高，观看体育比赛可以称之为是现代人合理表现人的本能的一种文明方式。通过体育旅游将体育的物质资源和人力资源合理利用起来，如组织旅游者参观体育场馆，亲临训练场地或比赛赛场，观看体育比赛，还可组队与体育明星对阵，亲身体验竞赛的风貌等。

（二）体育旅游与经济活动结合起来

中国地域广阔，不同地区有着不同的物产，东西南北中都有各自的项目优势，如果把各自的优势都相互取长补短，那将对全中国的共同发展起到促进作用。如把体育旅游与招商引资结合起来等。

（三）体育旅游与全民健身计划和奥运争光计划结合起来

如引进一些世界上高水平的运动队来中国进行旅游比赛，把体育竞赛和培养国家高水平的运动队，提高竞技水平，为奥运争光结合起来。从全民健身的角度来讲，可开展民间交往、友好合作等娱乐性、观光性项目，如让南方人到北方去滑雪，让北方人到南方下海等。还可开展全家度假游，促进家庭和睦。

（四）加强体育旅游专业人才的培养

全国有几十所高校设置旅游管理专业，而设置体育旅游专业却不多见。体育旅游已逐渐成为旅游业的一个新兴领域,已形成相当大的体育旅游消费市场,要满足这一新的消费需求,培养高素质的体育旅游专业人才很重要。高校可以招一些退役运动员,并在旅游管理专业中增设体育旅游专业,并对此类人进行体育旅游知识的教育,他们本身就有丰富的体育知识,是培养体育旅游专业人才的最佳人选。

第二章 数字经济驱动的体育旅游产业

本章为数字经济驱动的体育旅游产业，共分为两节，分别是数字经济驱动的体育旅游产业的特点，数字经济驱动的体育旅游产业的兴起与发展。

第一节 数字经济驱动的体育旅游产业的特点

一、产业界限的模糊性

体育旅游产业是体育产业的一个子产业，同时又包含旅游要素的成分，因此，体育旅游产业涉及众多产业部门，与国民经济的许多主要部门紧密相关。体育旅游产业的范围也可以无限制地扩展延伸，与体育和旅游相关行业均可纳入体育旅游产业的范畴，所以，体育旅游产业的边界相当模糊。

二、产业关系的关联性

作为产业融合的产物，体育旅游产业与众多的要素、行业具有关联性。首先是体育旅游产业内部的关联。以体育旅游企业为龙头，以食、住、行、体、购、娱六要素为主要内容的体育旅游产业形成了一个完整的要素体系，它们之间彼此关联互动、互为依存。体育旅游产业必须为体育旅游活动的每一项要素提供必需的产品和服务，否则体育旅游活动就无法正常开展；关联性还表现在体育旅游产业与其他产业的关联性。体育旅游产品和服务不仅涉及体育旅游产业本身，还涉及众多的行业和部门，体育旅游活动的正常运行，需要相关部门和行业为体育旅游产业的发展提供必要的支持和支撑。因此，体育旅游产业不仅包括直接从事体育旅游产品生产、制造、营销、消费的行业，也包括为体育旅游活动提供支持、支撑和服务的行业。

体育旅游产业作为一种关联性较强的产业，其经济活动的直接目的是给旅游者提供体育旅游产品和服务，满足旅游者的体育旅游需求。因此，本书从产业的角度出发，认为体育旅游产业是指为参与以体育运动为目的的旅游者和观看体育赛事、体育建筑物及从事体育旅游文化交流活动的旅游者，提供所有相关产品的经营性活动的集合体。

根据竞争力的相关理论以及体育旅游产业的特点，本书将体育旅游产业竞争力界定为：竞争主体通过优化体育旅游产业资源配置，能够在当前的市场竞争中比其对手占有更高的市场地位和更多的市场份额，并能创造可持续发展的能力。

第二节　数字经济驱动的体育旅游产业的兴起与发展

一、数字经济驱动的体育旅游产业的兴起

体育旅游，从一项普通的活动发展成为一项重要的产业经历了漫长的过程。尽管早在公元前 776 年就已经有了体育旅游的萌芽，而且 16 世纪的"大旅行"对体育旅游具有实质性意义，但值得注意的是，当时人们的体育旅游或处于自发状态，或是达官贵族的消遣娱乐活动，体育旅游尚未形成规模，人们尚未有体育旅游的自觉性。

实际上，体育旅游产业的发展与旅游产业的发展基本是同步的。托马斯·库克创办世界上第一家旅行社——通济隆旅行社，标志着近代旅游业的诞生。随后，在其倡导和鼓舞下，欧洲成立了一些类似于旅行社的组织，这些商业性旅游机构以食、宿、行、游、购、娱为主体，虽然也含有游山玩水、登山滑雪等内容，但是以体育活动为特色的专门旅游项目还没有形成。

1857 年，英国登山俱乐部成立，该组织向登山爱好者和旅游者提供各种服务，这标志着体育与旅游商业运作的开始；1883 年，挪威、瑞士等国成立了滑雪俱乐部，为滑雪旅游者提供服务；1885 年，英国成立帐篷俱乐部，向喜爱野外活动的旅游者提供野外的露宿餐饮服务；随后，法国、德国等地也相继成立类似的俱乐部向游客提供服务。这表明，国外体育旅游业于 19 世纪时已经兴起。

二、体育旅游产业的发展

（一）北美体育旅游产业的发展

在美洲，体育旅游产业已经占据了巨大的市场。2000 年，美国有 3600 万高尔夫打球者，1500 个高尔夫球场和 62 亿美元的产业；2005 年，美国高尔夫产业的产值高达 760 亿美元，成为各项体育产业中收入增长最快的球类项目；2008 年全美已建高尔夫球场超过 17 179 座。有资料表明，由于加拿大每年要举

办 20 多万个大小不等的体育赛事，所以体育旅游业给加拿大带来每年 13 亿美元的收入。

（二）欧洲体育旅游产业的发展

20 世纪中后期，随着旅游的快速发展以及体育运动的普及，以体育运动为特色的旅游项目在欧洲得到迅猛发展。瑞士仅滑雪一项，每年接待外国游客 1500 万人次，创汇 70 亿美元左右；以"足球工业"为主体的意大利，体育旅游的年产值从 20 世纪 80 年代的 180 亿美元已达到现在的 500 亿美元左右，超过了汽车制造业和烟草业产值；荷兰和法国的体育旅游人数分别是 700 万人和 300 万人，分别占两国出国人数的 52% 和 23%；在德国，每年有 3200 万人从事与体育旅游有关的活动，占该国出国旅游人数的 55%，德国仅自行车旅行社就有 200 多家，每年约有 1200 万人参加自行车旅游。

随着体育旅游市场的扩大，一些国家已创办专门的体育旅游旅行社。据旅游行业统计，1997 年经德国旅行商组织的高尔夫旅行总数达 5 万人次左右，德国旅游业界的图伊旅行集团（TuT）、内曼旅行社（Ncchmann）、德国旅行社（DER）、杜塞尔多夫航空运输旅行公司（LTU）等，把高尔夫旅游作为群众性旅游活动大力推广，有些旅行社的门市甚至有专门的高尔夫旅游柜台。

（三）亚洲体育旅游产业的发展

韩国和日本通过联合举办 2002 年世界杯，分别创造出 88 亿美元和 245 亿美元的产值；日本体育旅游业以高尔夫球、登山、滑雪和水上运动等项目为主，全国现有滑雪爱好者 1500 万人，每年人均滑雪 3~4 次。2005 年日本高尔夫产业的产值达 160 亿美元，全国约有高尔夫人口 2000 万，平均不到 10 个日本人就有一个人打高尔夫；截至 2008 年，日本建有高尔夫球场 2344 座，高尔夫练习场 6000 多座；另外，日本有野营营地 2200 个，平均每 55 000 人拥有一个。

体育产业和旅游产业融合而成的体育旅游产业，近些年之所以在世界范围内快速成长，成为很多国家和地区重要产业和新的经济增长亮点，其中影响因素众多：大众旅游时代的到来和迅猛发展带动了体育旅游产业的发展，这是体育旅游产业日渐红火的主要原因；人们价值观的变化、可支配收入的增加以及闲暇时间的增多是体育旅游产业兴旺的前提条件；交通运输业的发展为人们的旅行提供了便利；大型体育赛事的涌现以及媒体的发展，助推了体育旅游产业的快速发展。

三、我国体育旅游产业的兴起与发展

为了更清晰地呈现我国体育旅游产业发展的整个脉络，以及更好地反映本研究的内容，有必要对体育旅游产业的发展进行历史分期。而"确定历史分期的根本依据，应该是社会实践的发展"。对历史进行分期，可根据不同的研究需要，按照不同的依据或标准，作出一种、两种甚至多种划分。顺着这个思路，作者以"重大事件型"作为划分我国体育旅游产业不同发展阶段的依据。

（一）体育旅游产业的萌芽阶段（1985 年以前）

我国的体育旅游可以追溯到原始社会，当时的人们为了求生存而进行的狩猎活动，到了阶级社会后，狩猎演变成贵族阶层的一种享乐和健身活动，其内涵也不断丰富，形成了具有中国特色的游狩文化。到了近代，体育旅游也仅仅在某些阶层或个人身上表现比较突出。如 1930 年，浙江人潘德明随"中国青年亚细亚步行团"出国旅行，先后到达越南、柬埔寨、泰国、澳大利亚、马来西亚、新加坡、美国、加拿大、瑞典等 40 多个国家和地区，经 7 年旅行后回国。这是近代体育旅游史上的一大壮举。

无论是原始社会人们的求生需求，还是阶级社会贵族阶层的享乐活动，都不能算是真正意义上的体育旅游。当时的人们还没有体育旅游的意识，其活动带有一定的自发性或阶级性。而且，鉴于当时的社会经济水平、人们的收入水平以及交通设施等条件的限制，体育旅游还没有形成一定的市场规模，所以早期的这些活动与现代意义上的体育旅游还存在相当大的差距。

（二）体育旅游产业的探索起步阶段（1985—1994 年）

1985 年，我国成立第一家体育旅游专业公司——西藏国际体育旅游公司。这标志着我国体育旅游产业步入起步阶段，该公司为国内外攀登珠穆朗玛峰的旅游爱好者提供服务。从 1979 年到 1992 年，在改革开放的带动下，旅游业得到了长足的发展。全国各地兴建了一批星级宾馆和饭店，许多健身配套设施落户。交通、通信等基础设施也有了极大改善，这些为人们的出游提供了很大便利。在体育旅游方面，一些体育旅游公司（社）相继成立，如贵州省国际体育旅游公司、湖南省体育旅行社、甘肃国际体育旅行社、广东省国际体育旅游公司等，但当时这些体育旅游公司（社）主要经营普通旅游项目，体育旅游活动项目非常少。

从 20 世纪 90 年代开始，随着改革开放步伐的加快、人民生活水平的提高、以及国务院颁布新的休假条例以来，国内掀起旅游热潮，人们的旅游需求也随之发生变化，体育旅游因其兼有娱乐、刺激等独特的魅力，颇受人们的欢迎，一些体育旅游项目，如滑雪、漂流、沙漠探险等项目在我国开始兴起。

（三）体育旅游产业的缓慢发展阶段（1995—2008 年）

这个阶段以 1995 年原国家体委《关于体育旅游业的几个问题》的报告为标志，这是国内首次把体育旅游作为一个产业提出。该报告深刻阐述了体育和旅游、体育旅游与健身的关系等问题。随后，2000 年悉尼奥运会期间，国内旅游行业也提出"体育旅游"的概念，当时，中国旅行社组织 1114 名国内游客分批赴悉尼感受奥运的魅力。这是我国第一次大规模民间组织的奥运观摩活动，之后，我国的体育旅游业逐渐得到国家有关部门的重视和支持，如，国家旅游局在 2001 年开展了主题为"中国体育健身游"活动，共推出 60 项具有地方特色的大型体育健身旅游活动和 11 大类 80 个专项体育健身旅游产品和线路，让国内外游客体会我国体育旅游产品的魅力；又如，在 2008 年开展的"中国奥运旅游年"活动，两次以体育为主题的活动，有力地推动了体育旅游的发展。

（四）体育旅游产业的快速发展阶段（2009 年至今）

2009 年 12 月 1 日，国务院下发《国务院关于加快发展旅游业的意见》（国发〔2009〕41 号），其中多处提出旅游与体育产业融合发展的措施。自此开始，上至国家体育总局、国家旅游局，下至各省（自治区、直辖市）都纷纷出台推进体育旅游发展的相关措施或办法，如 2009 年 12 月 10 日，国家体育总局、国家旅游局联合发出的《促进中国体育旅游发展倡议书》指出："旅游部门和体育部门科学谋划，努力实践，创新体育旅游产业融合发展体制机制，积极探索促进发展的工作方式和方法，研究相关政策措施，引导体育旅游产业健康发展。"国家体育总局也把体育旅游列入了《体育产业"十二五"规划》，明确指出："大力发展体育旅游业，创建一批体育旅游示范区，鼓励各地建设体育旅游精品项目。"此后，广东省出台了《广东省体育旅游示范基地认定办法》，安徽省出台了《体育旅游产品发展规划》。在这些政策、措施的促进下，我国的体育旅游业取得了长足的发展。主要表现在以下三个方面：

第一，各地体育旅行社、体育俱乐部等体育旅游从业机构逐渐增多。随着旅游业的繁荣，我国的体育旅游业得到了迅猛发展，并呈现出崭新的面貌。在此期间，产生了一批体育旅游从业机构。据不完全统计，"在湖南、浙江、广西、江西（仅宜春）、宁夏、北京、内蒙古、安徽等 8 省（自治区、直辖市），体育旅游的相关从业机构 7224 家，创造各种就业岗位 112 万余个，营业收入约 90 亿元，实现利润超过 19 亿元，仅浙江就有体育旅游相关从业机构 2329 个，营业收入 721 428 万元，实现利润 157 588 万元，吸纳就业人数 52 370 人"。

第二，体育旅游产业带来的经济效益和社会效益已初见端倪。经过 20 余年的发展，哈尔滨已成为世界驰名的滑雪胜地。目前，全市拥有以亚布力为代表的各种雪场 40 余个。黑龙江旅游局统计资料显示，"2008 年春节黄金周期间，哈尔滨市共接待游客 229 860 人次，其中滑雪旅游人数 105 633 人次，占总数的 45.96%；全市旅游收入 3350 余万元。滑雪旅游收入 2309 余万元，占总数的 68.92%"。在滑雪场的龙头亚布力，2010 年接待游客 6 万余人，滑雪收入达 1800 万元，"水立方"从 2008 年开放到 2011 年 6 月，据不完全统计，共接待游客 713 万人，实现经营收入约 14 157 万元。"鸟巢"自开放到 2011 年 7 月，累计接待游客超过 1300 万人，其中国外游客约 20 万人，共计实现旅游收入为 54 144 万元。

第三，初步形成了多样化的体育旅游产品体系。十余年来，随着人们的旅游消费由单纯的观光向休闲、度假、体验、参与的全面推进，部分旅游目的地更加重视体育旅游产品的开发，并通过开发体育旅游产品来优化旅游产品结构，吸引游客，延长旅游地的生命周期。目前，我国初步形成了体育赛事、冰雪运动、水上运动、山地户外运动、高尔夫运动、民族民俗项目、体育主题公园等相结合的体育旅游产品体系。

近 30 年来，我国的体育旅游产业在摸索中前行，各省（自治区、直辖市）利用各自的资源优势，形成了各具特色的体育旅游产业发展特点。沿海地区充分发挥海洋优势，东北地区利用冰雪资源，西北地区聚焦登山探险，西南地区把重点放在户外运动及民族民俗项目上。体育旅游作为体育与旅游交叉融合的具有旅游和体育双重特性的新兴产业，已日趋走进人们的生活，并逐渐成为一种新的休闲方式。加快推进体育旅游产业的发展，是顺应市场需求、实现优势互补、共同发展的重要举措。

总之，本节首先概述了体育旅游及体育旅游产业在世界范围内得以快速发展的原因以及发展概况，认为真正对体育旅游有实质推进意义的是 16 世纪欧洲的"大旅行"；同时，国外体育旅游业兴起于 19 世纪。随后，以"重大事件型"为阶段划分依据，认为我国体育旅游产业历经萌芽、探索起步、缓慢发展以及快速发展四个阶段，这四个阶段各有不同的标志性事件。通过对体育旅游及体育旅游产业发展轨迹的梳理和总结，更加明晰了体育旅游以及体育旅游产业的概貌，而且也为下文进一步分析奠定了基础。

第三章 数字经济驱动的 体育与旅游

本章为数字经济驱动的体育与旅游，共分为三节，分别是数字经济驱动的体育与旅游的概述，数字经济驱动的体育旅游丰富旅游文化，数字经济驱动的体育旅游活动与社会。

第一节　数字经济驱动的体育与旅游的概述

体育和旅游虽属于两种社会文化现象或人类活动范畴，但两者存在许多共同的或相似的特性。旅游作为一种休闲、消遣与消费活动，主要是为了满足人们在身体、精神和文化等方面的需求；体育运动也是人类社会的一种文化现象，其发展也是基于满足人们不断增长的身心享受的需要基础上的。同时，体育消费也已成为一种社会时尚。

体育和旅游两种文化活动的存在与发展有相同的社会经济文化背景，对人类社会起着相似的作用，特别是当社会经济发展到一定程度之后，其活动内容在满足人们心理和生理的高层次需要等方面，有着异曲同工之处。在我国的《辞海》中，就将旅游定义为：离开家乡到外地去活动，这是体育活动的方式之一，也是文化休闲的良好活动内容。

一、体育与旅游结合的社会文化背景

第一，体育与旅游都是人类社会发展到一定时期，为了满足人们日益增长的社会文化需求而出现的产物，其发展均有着共同的社会经济背景。随着社会生产力的不断提高，经济的高度发展，个人生活水平和收入水平的大幅上升，消费能力的增强以及闲暇时间的增多，人们对身心享受的需求大增，并以追求高档次、健康文明的文化娱乐活动来满足这种需要，体育和旅游就给人们提供了可满足这一需求的选择。

第二，体育和旅游活动都是社会消费活动，是人们满足自身精神文化需要的方式。作为社会经济活动，除了有着共同的经济发展基础之外，在体育或旅游活动过程中，参与者总是要与社会方方面面发生经济联系和关系，即通过货币交换来满足相应的需求。此外，作为人们文化消费活动载体，体育业与旅游业一样，对社会经济增长起着拉动作用，因而，旅游产业和体育产业在现代社会经济发展中都占有十分重要的位置。

第三，体育和旅游都是文化活动，两种活动都具有丰富的文化内涵。在活动过程中，人们既增长了见识，又增强了体质；既领略了大自然的美景，又体会了人与自然的和谐；既欣赏了人类文化遗产，又丰富了现代生活知识；既了解了世界各地的风土人情，又促进了各国和各民族之间的交往与友谊。因此，就参与体育活动或旅游活动的个体来讲，一般都不把经济收益当成活动目的，而只把经济收入作为参与体育和旅游活动的条件。就此可以认为，体育同旅游一样，对参与者而言不属于物质生活方式，而是一种文化或精神生活方式。

第四，任何构成体育或旅游商品的对象，都具有其自身独特的历史、民族特质与文化氛围。参与者可以从中汲取这种特质，感受这种氛围并接受其熏陶，可以达到愉悦身心和增长见识的目的。

参与旅游活动或体育活动的过程，既可以促进不同文化间的交流和传播，同时，由于人们对这些活动形式和内容的关注，还可以在一定程度上起到对文化传统和优秀民族习俗保护的作用，包括民族体育在内的民族文化也是一种资源，一个国家、地区、社会，甚至当地居民为了开发和利用这一资源，就必须重视对有益的民族传统和当地文化的发掘与保护工作，做到保护性开发和创新性发展。

二、体育产业和旅游产业对经济的作用

体育产业和旅游产业都有自己特定的产品，有各自的消费者群体，从而构成自己特定的市场，成为相对独立的产业，但这并不排斥两者之间的有机联系。从系统观点分析，国民经济是一个大系统，体育产业和旅游产业都是其中的子系统。大系统包容着子系统并规定着子系统的运行，大系统中的各个子系统又是相互制约、相互联系和相互推动的。一般来讲，任何产业都对其他产业有着一定的相互依存性，更何况体育和旅游都是关联性极高的产业。同为休闲产业领域，体育与旅游的结合，除起到两项产业优势互补作用之外，还可进而对整个国民经济产生积极影响。

（一）旅游产业和体育产业可成为国民经济新的增长点

旅游产业和体育产业之所以能成为国民经济新的增长点，成为备受关注的焦点，这是因其本身在国民经济中的作用所决定的。首先，近年来，旅游产业和体

育产业在国际国内的发展都保持着较快的增长速度与较大的增长幅度，方兴未艾的体育产业和旅游业发展势头显示出极大的活力以及巨大的发展潜力，对全球和国家经济发展所起的作用与日俱增，因此被称为"朝阳产业"。其次，旅游和体育都是关联性很强的产业，其建立和发展要以许多部门和产业为依托，同时本产业的发展又能拓展许多部门和产业的业务内容，从而促进与带动许多相关行业的发展。最后，旅游和体育都是符合国家产业发展政策的产业，国家和地方政府以及社会都对其进行了大力支持与投入，其产业的进一步发展也符合国家产业结构调整的需要。

（二）发展旅游和体育有利于调整产业结构

产业结构的合理化对经济的正常发展十分重要，为使社会经济得以顺利发展，就必须有一个合理的产业结构。我国在发展一、二产业的同时，更要加大力度发展第三产业，这样才能使产业结构趋于合理。旅游和体育同属于第三产业，即劳动服务型产业，其本身的快速发展不仅有助于第三产业在国民经济中所占份额的扩大，同时由于其发展所需的设施、设备和物资消耗等，可带动同属第三产业的其他相关产业以及第二产业中相关部门的发展。在人们的消费结构发生变化，经济总量中的总供给与总需求发生变化时，大力发展旅游和体育，对于优化我国产业结构有重要意义。

（三）扩大市场需求，以促进国民经济的发展

体育消费和旅游消费都是人们较高层次的消费活动。形成较大规模的体育与旅游消费群体，对于扩大市场需求，稳定市场供求，增加外汇收入，加快货币流通，增加国家税收，促进地方经济发展，提供就业机会和实现社会稳定等，都能起到积极的作用。目前我国亟待形成新的消费热点来带动市场消费，提高社会的消费能力，刺激和增加市场需求，给市场注入新的活力，从而加快社会商品和货币流通。作为新的经济增长点和第三产业中最具活力与潜力的行业，旅游业被看成发展第三产业的龙头，而体育则被认为是大众消费的新热点，这些足以说明旅游和体育在扩大市场需求并促进国民经济发展方面的重要性。

三、体育和旅游产品的共性特征

旅游和体育同为社会休闲产业类范畴，在本质上都是属于为满足人们文化消费和精神需求而提供服务产品的第三产业，因而两者都突出或强调其服务性，即消费者花钱买到的是可以获得身心享受的服务。体育产业和旅游产业类产品所具有的共性特点主要有以下方面：

（一）产量的非实物性

体育产品或旅游产品虽然包括了一定的实物，但其主要还是无形的服务或劳务，这一体育和旅游产品的无形性特征，就决定了许多体育旅游商品基本上不是用来进行实物交换的，而是提供给游客的体育与旅游职务的载体或凭借物，用以交换或是其转换出来的利益，即体育和旅游的参与者所得到的经历和感受等身心上的满足，这种满足或由此而形成的印象都是无形的。体育或旅游产品的非实物性表现在它们的价值和使用价值不是凝结在具体的实物上，而是凝结在无形的服务中。

（二）产品的不可贮存性

产品的不可贮存性即体育或旅游的直接劳务链。旅游行业往往是由其从业人员向游客提供直接的劳务，用以满足旅游者的旅游需要，而体育市场大多也是向消费者直接提供劳务商品，来满足参与者对体育的享受。体育和旅游商品是以服务为主的无形产品，决定了它不能贮存。不能今天生产出的产品，贮存到明天去销售；也不能淡季生产，到旺季去销售；一个消费者如果对已发生的劳动服务产品不满意，是不能退货的；等等。这是因为服务难以物化，其价值缺乏载体，无法转移，只能一边生产，一边实现其价值。

（三）产品的不可转移性

体育或旅游产品的不可转移性主要是由于旅游资源和旅游设施的空间位置无法移动，而体育和旅游服务又离不开这些凭借物，从而使整个产品无法移动。体育和旅游产品的不可转移性还表现在它的消费具有独享性，即体育或旅游产品的消费必须是参与者亲身经历，独自享受获得的感受。一个人不能代表别人购买此类产品，也不能把其产品转让、转借给别人。另外，体育和旅游产品的所有权无法转移到体育或旅游消费者手里，消费者得到的仅是短暂的使用权，即当一个消费者付费之后，他仍无权拥有体育或旅游的资源和设施。

（四）产品生产与消费的同时性

无论是体育服务还是旅游服务，所提供的劳务产品的生产与消费是在同一时间和同一地点内完成，具有不可反复的特性。即使重复，消费者也不可能再次产生完全相同的感受。体育或旅游产品的无形性和不可贮存性，就决定了它的生产与消费是同时进行的。当消费者对产品有消费需求时，生产才能进行，才能正式提供思路以供消费，其价值才能完全实现。参与体育消费和旅游服务的整个过程，既是其产品的生产过程，同时又是其产品的消费过程。

除上述特征之外，体育和旅游产品还具有高弹性。具体表现为体育和旅游产品都是满足人们较高层次需要的商品，其价值和使用价值的实现易受多种因素的影响而出现较大的被动，任何一个因素的较小变化都有可能导致体育或旅游产品销售量的较大变化。对变量因素如此敏感的原因，主要是由于体育和旅游需求是建立在生理及安全等基本需求之上的高层次需要，当人们基本的需求难以保证时，对体育或旅游产品的消费便有可能被舍弃。

四、体育与旅游活动内容的兼容性

旅游活动中"游"是"的"，"旅"则是"矢"，即"旅"是为"游"而产生的，而"游"才是目的。就此而言，"游"的活动内容左右着人们是否参与某项旅游活动的抉择。因此，当各方面条件具备时，旅游活动的内容便是促使人们有的放矢的原动力。利用现代社会中人们对体育的爱好和对旅游的热情，在旅游活动过程中因地制宜地增设体育项目等活动内容，或直接开发体育旅游市场，可起到双赢的效果。

旅游又可划分为单纯旅游活动和连带旅游活动，单纯的旅游活动包括游览、消遣、娱乐、参观、度假等；在连带的旅游活动中，体育是其内容之一。在旅游动机上又分观光型、保健型、文化型、社会关系型和经济型等，而保健型旅游就是指人们在工作、学习后以放松头脑和肌体为目的的旅游。旅游者可去与锻炼身体和放松身心有关的旅游点，选择对身体和心理有益的旅游活动方式。就旅游者对旅游资源的心理需求而言，主要可分为知识性、刺激性和参与者三大类，将体育活动融入旅游之中，强化旅游活动的可参与性，从另一侧面来满足人们的多种心理需要。

旅游资源有自然界形成的，也有人类社会所创造的，并有着发展变化与不断丰富的特点。在旅游资源分类上，按旅游者出行的目的不同可将其分为心理、精神、健身、经济等旅游资源。从旅游资源的性质考虑，可将其划分为自然旅游资源和人文旅游资源。在自然旅游资源中，也就是说在山水之中，人们在观赏大自然美景的同时，自觉或不自觉地锻炼了身体；在人文旅游资源中，文化、艺术、体育等，都是可加以开发的内容。从旅游资源开发的角度来讲，通过人工创造新的旅游资源，是人文旅游资源开发的类型和方式之一，而根据各旅游地的实际情况，有选择性地将某些体育运动项目纳入其中，把体育与旅游有机和谐地结合起来，也符合旅游资源开发的特色性原则。

旅游界把以体育为特色项目的旅游活动称为旅游体育，而在这一领域开展商业运营活动则称为旅游体育业。所谓旅游体育业，包括诸多方面，比如：在旅游中心城市结合市政建设，建立体育场馆；在旅游度假区完善体育运动设施，开展体育健身旅游；在旅游地开展大众性体育健身娱乐活动，如河湖、海滨水上游乐活动，山地游乐活动（如自行车、摩托车、赛车、登山、攀岩、滑草、滑道等），空中游乐项目（如跳伞、滑翔、热气球、空中游览等）和野营活动；组织国际性、全国性体育比赛表演，组织"球迷""车迷"旅游团；拥有传统体育项目或体育明星的地方，开发特种旅游体育产品，塑造地方的独特旅游形象，促进体育无形资产开发；开发各类旅游体育用品，促进体育用品制造业的壮大；等等。旅游理论界人士也认为，旅游与体育的联姻，将有力地推进体育的产业化、社会化进程。

从世界旅游业的发展状况上看，旅游将会成为人们的一种新生活方式，旅游服务将走向个性化，旅游的方式将从团体转向个体，传统观光旅游将让位于度假旅游，无主题旅游将向主题旅游转化，生态旅游将成为一种新的旅游潮流，这些趋势都为体育与旅游的结合，为旅游利用体育资源或体育的内容融入旅游领域拓展了广阔的运作空间。

事实上，人类的旅游活动从其诞生起就与体育结下了不解之缘，以至于在许多活动形式和内容上难以明确划出旅游和体育的界限。随着现代社会中人们对旅游和体育需求的增长，体育资源与旅游资源通过互补互利而形成的体育与旅游结合的产物——体育旅游活动，将从服务于上层社会的消费者迈向服务于普通大众，满足现代人较高层次的文化、娱乐、健身等需要。

第二节 数字经济驱动的体育旅游丰富旅游文化

体育与旅游的结合，无论是从体育的角度还是从旅游的角度看，都应从两种活动主要目的一致性，以及两者结合在满足人类社会文化需求的同一性方面去理解和分析。

一、体育与旅游是现代社会的休闲方式

体育旅游能满足现代社会人类享受自然、回归自然的渴求。社会文化的不断进步，工作的高度紧张化和快节奏，生活的高度社会化和城市化，使蜗居于楼层单元中的人们迫切需要投入大自然的怀抱，享受到"天人合一"的情趣。如果说是大自然孕育了人类，那么回归大自然也就成了人类的自然需要，一种返璞归真的追求。旅游，尤其是在海滩、森林、原始地带旅游，其本身就是人类亲近自然、回归自然、融入自然的一种主要形式，而一些体育健身娱乐项目如野外步行、登山、攀岩、徒步穿越、野营、江河漂流等，更是现代人类亲近自然、融入自然的最有效的手段。

体育活动和旅游活动都是现代社会人类的主要休闲方式之一，是与当代社会崇尚科学、文明、健康的生活方式相一致的。大众体育行为和大众旅游行为一般都发生在闲暇时间内，是一种闲暇行为，旅游休闲娱乐是一种时尚，体育休闲娱乐也是一种时尚。体育休闲娱乐热和旅游休闲娱乐热已在世界不少国家和地区进

入高潮，其普及程度以及对整个社会生活影响的程度，大大超出了人们对体育和旅游的传统认识。科学的进步和知识经济的到来，更为这一热潮提供了充裕的闲暇时间，起到了推动的作用。随着社会进步和生活水平的不断提高，人们将更多地选择体育活动和旅游活动来充实闲暇时间，满足精神和文化生活的需要。据有关专家估计，21世纪人类生活的1/4～1/3时间将用于休闲，而体育活动和旅游活动都是主要的休闲方式之一。

大众体育的主要目的是健身娱乐，而健身娱乐又是人们出游的主要目的之一，与现代旅游提倡的"旅游四方、享受健康"的旅游理念相吻合。追求健康是人类永恒的主题，而体育是使人类长寿最积极有效的手段。随着我国全民健身计划的施行以及世界体育运动开展的信息被各种现代化传播手段带入千家万户，不断向人们灌输体育知识并强化体育意识，人们健身、养生的需要日趋强烈，体育消费观念开始形成，这些使得体育渗入旅游，旅游需要体育成为必然。旅游为人们的体育健身娱乐活动带来了和煦的阳光和清新的空气，体育又为旅游增添了多姿多彩的健身娱乐的内容。

此外，体育运动的竞争性和挑战性还能满足一些旅游者的冒险心理和征服欲望。正是因为体育运动的竞争性和挑战性特征，才使得探险旅游中许多活动与体育密切相关。现在很多的旅游探险活动，都是向人体生理极限挑战、向大自然宣战的极限运动，如攀登珠穆朗玛峰、横渡大西洋、长江全程漂流、徒步穿越沙漠、深海极限潜水等。

实际上，我们很难分清这些冒险活动究竟是旅游探险活动还是体育冒险运动。应该说两者皆有之，它们是完全融合在一起的。由于社会的高度发达，一些人在物质生活上富裕，闲暇时间上充裕，以至于需要寻求刺激，追求新奇乐趣。于是，以满足冒险为心理动机的旅游群体正在形成。体育与旅游融合而成的体育旅游，以其冒险性、刺激性和猎奇性，正好迎合了这些人的要求。体育旅游中的运动既是人类展示力量、征服自然、完善自身、实现自我价值的需要，亦是人们追逐新潮，充分展现个性魅力，丰富生活阅历。

正因如此，只要组织得当、开发合理，体育旅游必将受到不少旅游者的喜爱，成为都市青年最流行的时尚。

二、体育的文化内涵给旅游增添色彩

体育以其特有的、丰富的文化内涵为旅游增添了健康而又独具特色的文化色彩，也为体育旅游的兴起奠定了坚实的文化基础。

体育文化源远流长，人类所创造的体育运动不仅是纯粹的肢体运动，而且是一种文化形式。它通过身体运动这一手段，改善身心机能，促进人的全面发展，丰富社会文化生活。人类创造了体育，体育也促进了人的身心发展和社会的文明进步。

体育文化所具备的基本特征，如文化的社会性、群体性、民族性、时代性、继承性、世界性、可传播性等特性，都在体育运动中得到了充分体现，体育文化的内容一般包括三个层次：体育物质文化、体育制度文化、体育精神文化。它的核心内容是作为精神产品的各种知识财富，而这些知识体系已在人类社会生活中构成了一种独特的不可忽视的文化现象。

体育是一种文化，旅游也是一种文化。旅游活动在整体意义上是一次文化交流活动，就是透过本国、本土、本地文化，去审视异国、异地、异质文化的新奇性价值，从而充分享受旅游观光的乐趣。

人文景观中包括了社会政治、经济、法律、道德、宗教、历史、科学、艺术和民俗风情等要素，这些要素必然又具备了国家、民族和地区的文化色彩；而自然景观在其开发过程中也必然会留下一定社会文化痕迹。因此，无论是人文景观还是自然景观，它们都是凝结着人类精神文化的"作品"，是人类精神文化的载体。同时，不同国家、民族和地区的旅游地为广大旅游者提供的各种体育休闲娱乐项目、设施和服务，也无不与其社会或传统文化相联系，蕴藏着丰富的文化内涵。

体育与旅游融合而成的体育旅游是一定社会文化的产物，是依赖于一定社会文化背景而产生的。一个人要成为体育旅游者，除了要有一定的支付能力和足够的闲暇时间外，还须具备对体育文化的需求心理，这样才能产生外出旅游的动机。

现代科学技术的迅猛发展，大众文化素质的日益提高，人们在旅游活动中接受文化熏陶、渴求知识的欲望越来越强烈。事实上，有不少旅游者就是为了增长自然、历史、地理、文学、艺术、科技、体育等方面的知识而外出旅游的，即使出行的目的不是专门为此，也会潜移默化地受到知识的熏陶。由于体育运动中蕴含了丰富的科学文化知识，需要一定的技能，人们才会萌发去体育旅游地了解、学习的愿望。

从这一点来说，体育旅游的过程也是旅游者学习体育常识，了解丰富的人类科学文化知识，完善自我的文化积淀的过程，是一项寓体育教育于旅游活动之中的社会文化活动。因此，参与体育旅游活动，对提高人口素质，增强人际交流和相互之间的了解，促进各民族文化交流和人的全面发展等，都不是一个有效的途径。

三、体育活动丰富了旅游人文资源

体育旅游不仅是对旅游自然资源的利用，同时，多姿多彩的体育活动又极大地丰富了旅游人文资源。

从文化艺术的角度看，体育比赛和体育表演的艺术性以及极具美学特征的观赏性与旅游活动的审美要求相一致，能极大地满足旅游者的审美需求。旅游观光是一项综合性的审美实践活动，审美追求是旅游者旅游的普遍动因。尽管旅游的动机多种多样，旅游形式和内容也随时代发展而不断变化，但都有一个共同点就是为了获得身心的愉悦，追求最大限度的审美享受。

旅游是一种寻找美、感受美的活动，审美贯穿于旅游活动的全过程。体育在萌芽时期就与舞蹈、音乐等艺术形式融为一体，具有一定的美学特征。至今在我国许多民族中仍可看到民间体育与民间艺术相融合的情形，如傣族的孔雀舞，苗族"踩花山"时的吹芦笙跳舞，黎族的跳竹竿，藏族、蒙古族、哈萨克族的各种赛马表演等，这些民族传统娱乐项目，既是体育又是文化艺术，具有较高的观赏价值。

现代体育中的竞技体操、艺术体操、健美操、花样滑冰、花样游泳、体育舞蹈等竞赛项目，均是集人体美、服饰美、音乐美、舞姿造型美、动作美、力量美、柔韧美、节奏美为一体，极有观赏性和审美价值，能给人以美的熏陶、美的享受。此外，竞技比赛胜负的不确定性和随机性等，又给人以悬念，给人以刺激和享受，满足人们好奇心，所以，每四年一次的冬季奥运会、夏季奥运会、亚运会、足球世界杯等赛事才能吸引全球成千上万的游客和观众云集赛地，形成一道独特亮丽的旅游风景线。

从资源开发角度看，体育能满足人们健身、消遣、娱乐的需要，许多体育项目经旅游业开发后能产生经济和社会效益，具备构成旅游资源的一切属性。旅游资源的最大特点就是能激发旅游者的旅游动机，而作为人类文明活动的一个重要组成部分，体育活动形成的独具特色、精彩纷呈的人文资源，丰富了人类的文化活动。同时，体育活动又以其健身性、娱乐性、参与性、新颖性和刺激性等特征，能够满足大众健身、娱乐、休闲和冒险等多样化消费需求，能激发旅游者外出旅游消费的动机。此外，把一些身体运动融入高（雪）山、冰川、草原、江河、湖泊、海洋等自然景观之中所形成的登山、攀岩、滑雪、滑冰、滑草、骑马、漂流、冲浪、划船、游泳、垂钓等体育健身娱乐项目，也是构成旅游资源和旅游产品的有机内容之一。

总之，体育与旅游的结合丰富了旅游文化的内涵，增添了旅游活动的形式和内容，拓展了旅游资源，所以说，体育与旅游结合是旅游业发展同时也是体育产业发展的需要。

第三节　数字经济驱动的体育旅游活动与社会

旅游是社会经济文化现象。构成旅游的三要素是旅游者、旅游资源和旅游业，也是社会内容的组成。作为旅游的重要组成部分，体育旅游也不例外，了解旅游活动与社会关系是我们发展旅游、搞好体育旅游的前提和基础。

一、数字经济驱动的旅游活动的界定

旅游是旅行与游览的结合，其中游览是旅游的目的，旅行则是实现这一目的

的手段。旅游活动，就是以游览为目的的旅行。广义的旅游活动是包含游览内容在内的各种目的的旅行，如商业旅游、会议旅游、宗教旅游及各种专业旅游等。他们的目的虽然各异，但他们都不同程度地包含着游览与娱乐的内容，因而都属于旅游的范畴。1981 年世界旅游组织编印的《国内国际旅游统计收集与呈报技术手册》上说，凡有下述旅行目的的人均为旅游者：度假、商务、健康、学习、公务或会议、探亲、访友、体育及其他。狭义的旅游活动是指以游乐为主要目的的旅行，包括参观、游览、娱乐、消遣等游乐旅行活动。

二、旅游活动与社会关系

无论广义的旅游活动还是狭义的旅游活动，从其社会性质来说都是一种社会经济和文化活动。即通过旅游者的流动，表现为人们对旅游这种社会文化生活的追求与社会满足这种需求的关系。

具体来说，它反映了如下几种关系：

（一）人与自然的关系

人与自然的关系，表现为两种形式：一是指人是生活在自然环境中的，随着自然条件的变化会产生从一地到另一地的要求；二是指登山旅游、滑雪旅游、探险旅游等体育旅游中，以探险、挑战、刺激、自我价值的实现与自然环境的对话，自然环境越是恶劣，人们旅游的兴趣越浓，具有越是艰险越向前的气魄。

（二）人与社会的关系

旅游活动是社会活动的一种，在此过程中，一方面旅游者的衣、食、住、行、购物都需要得到社会有关行业的支持与配合；另一方面旅游者的行为又会对社会许多方面产生一定影响。这两方面都是旅游活动过程中人与社会之间相互作用的反映。

（三）人与人的关系

人与人的关系虽然也是一种社会关系，但是旅游活动有着提供旅游服务的突出特点。在服务过程中，人们之间直接接触、间接接触，双方的思想、道德、性格、价值观念以及兴趣与爱好，均会通过服务的接触与相互行为表现出来，特别是体育旅游。由此可见，旅游活动反映的关系是广泛的，既包括旅游者同自然、社会的关系，又包括人们之间及其文化的相互关系。

三、体育旅游资源、体育旅游设施、体育旅游服务

（一）体育旅游资源

旅游资源是旅游的客体，是发展旅游业的基础。凡是能够激发旅游者的旅游动机，为旅游业所利用，并由此产生经济效益与社会效益的因素，均称为旅游资源。简言之，凡是能够吸引旅游者的自然的、人文的和社会的因素，统称为旅游资源。旅游资源作为旅游业发展最重要的物质基础和前提条件，在各种各样的资源当中都属于比较特殊的一类。

凡是能激发体育旅游者的旅游动机，满足旅游者的体育需求，为体育旅游业的经营活动所利用的各种因素和条件，均属体育旅游资源。体育旅游资源是体育旅游存在和发展的基本条件。一般来说，归纳为以下几种：

1. 自然体育旅游资源

天然赋予的或经人工稍加整理加工的，主要用以实现自然体育活动的自然资源都可以成为自然体育旅游资源，如山丘、湖泊、河流、海滨、温泉、沙漠、森林、气候、岩石、冰雪等。就山脉而言，据不完全统计，我国境内一级山脉有4条，二级山脉有16条，长度均在500公里以上。丰富的自然资源为我国的体育旅游业提供了市场保证。如攀岩、野营、越野、登山、漂流、滑雪、滑翔、水上运动、定向运动、潜水、穿越沙漠等自然体育的物质基础都是自然体育旅游资源。

2. 人文体育旅游资源

人文体育旅游资源是指能够吸引人们进行体育旅游活动，满足人们体育文化精神需求的古今人类所创造的物质必备和精神财富的总和。它包括两种形式：一种是利用人类文化的物质和精神财富开展体育旅游活动，是把体育旅游活动与其他旅游活动相结合的产物。如，1988年丝绸之路国际汽车旅游接力赛，1990年北京—巴黎伊塔拉老式汽车远征，以及同年的伦敦—北京汽车旅游拉力赛等一系

列体育旅游活动。另一种是通过发挥体育文化的物质和精神财富开展的体育旅游活动，是体育文化的旅游活动价值体现。体育的发展经历了一定的历史，凝聚着人类精神和智慧，包含着丰富的文化价值，特别是我国的传统体育，其有着悠久的历史和丰富的内涵，人文资源相当丰富，且开发潜力极大。

目前，有些地方已成功地举办了这方面的体育旅游活动，如中国少林国际武术节、中国沧州国际武术节、中国温县国际太极拳年会等。利用我国丰富的人文资源开展体育旅游活动，是我国今后体育旅游业的一个发展方向。

3. 可开发的体育旅游资源

这是指结合不同的体育活动项目来开展体育旅游活动。从当今体育运动发展的现状来看，可开发的体育旅游资源可分为：一是竞技性的体育旅游资源，如汽车、摩托车、越野赛、拉力赛等。二是休闲娱乐健身型体育旅游资源，如滑雪、骑车、骑骆驼等。三是具有民间特色或传统体育的体育旅游资源，如风筝节、龙舟赛等。四是利用大型运动竞赛开发的体育旅游资源。这是指在大型运动竞赛举办期间，一方面组织各地的观赏型体育旅游者来观看比赛盛况；另一方面开发与运动竞赛有关的其他旅游项目，来吸引这些观赏型体育旅游者，如体育邮票展览，体育健身健美器材博览会等。

（二）体育旅游设施

1. 体育旅游设施的定义

体育旅游设施是为接待体育旅游者而建设和提供的各项设施、物资、设备的总和。体育旅游设施可分为两类：一类是由为体育旅游者的食、住、行、购等活动提供服务的交通、宾馆、饭店及各种旅游用品商店等部门所构成；另一类是为适应和满足体育旅游者不同目的及爱好，而提供的设备及体育专用设施和用具，如登山，需要具有相应的服装、绳索、急救、通信设备等，水上运动则要具有划艇、赛艇、浴场、赛场水域、游泳池、医院和急救车辆等，自行车运动要具备赛车、跑车、休闲车、救护车辆、开道车等，其他各种体育旅游活动均需要提供相应的设备条件。基本的体育设备是否具备，是开发体育旅游经营活动的重要前提。

2.基础设施的构成

基础设施是旅游业的组成部分之一，是旅游业重要的物质基础条件，它的发展状况直接影响着旅游业的健康发展。对基础设施的投资，属于宏观旅游业经济效益中生产消耗或旅游成本的投资，是宏观经济效益分析的主要因素。一般来说，基础设施主要包括道路交通、排水工程、供热供电、通信、广播电视等。基础设施同样也是构成旅游市场的重要组成部分，它是旅游需求到中间产品供方，到中间产品需方，再到旅游供给，最后，返回到旅游需求的整个旅游市场的。同样，基础设施也是构成旅游产品及旅游产品实现货币交换、旅游企业获得利润的保证，在整个旅游的食、住、行、购、游、娱等因素中，都有着不同的作用。

（三）体育旅游服务

体育旅游服务是体育旅游活动经营管理部门利用一定的设施或其他条件，为满足体育旅游者在整个旅游过程中提供的各种服务的总称。体育旅游服务还包括为满足体育旅游者的体育需求而提供的指导性服务，这种指导性服务是专业性的服务，对于参与性及观赏性的旅游者来说都应受到专业性的指导和服务。旅游业的特点之一是向旅游者提供各种服务产品和服务性劳动。一个体育旅游者来到异地，在整个旅行游览过程中，要和众多的部门、单位发生直接或间接的联系。体育旅游经营单位和其他有关的部门都应做好每一项服务工作，努力提高服务质量，使每一个体育旅游者都能受到热情周到的服务，使之高兴而来、满意而归。

第四章　数字经济驱动的体育旅游的发展规划

本章为数字经济驱动的体育旅游的发展规划，共分为三节，分别是数字经济驱动的体育旅游发展规划的构建，数字经济驱动的体育旅游发展规划的功能，数字经济驱动的体育旅游发展规划的模式。

第一节　数字经济驱动的体育旅游发展规划的构建

体育旅游发展规划是区域内体育旅游实现可持续发展的基本条件之一，是当地体育旅游资源进行合理开发与规划的依据。因此，体育旅游发展规划也是体育旅游管理的一项重要内容。管理重点集中在三个方面，即体育旅游发展规划体系的构建，体育旅游发展规划功能的定位和体育旅游发展规划模式的选择。

从区域旅游发展的内容来看，体育旅游发展规划应该包括三大结构体系：体育旅游发展规划的内容体系，体育旅游发展规划的目标体系，体育旅游发展规划的方法体系。

一、体育旅游发展规划的内容体系

现代旅游系统是一个涉及多个行业、多个部门的现代社会经济边缘组合系统。体育旅游发展规划，一般包括体育旅游发展条件分析、体育旅游发展现状分析、体育旅游系统规划的策划与创意、体育旅游系统规划的设计与实施和体育旅游支持保障系统的规划建设五个方面。

（一）体育旅游发展条件分析

1.体育旅游资源分析

体育旅游资源是指经过开发可对旅游者产生旅游吸引力，能为旅游业所利用以产生经济效益、社会效益和生态环境效益的有形及无形要素。它是旅游业发展的基础和前提条件，也是体育旅游发展规划的前提。对体育旅游资源的分析包括三方面内容：

（1）资源类型、数量与规模。分析本地区体育旅游资源主要属于什么类型，资源存量能否形成规模，资源的组合结构状况如何，特色资源的数量有多少。

（2）资源分布状况。分析本地区体育旅游资源的空间分布地址集中还是分散，空间分布是否合理，是否有可能开发成相对集中的旅游区或旅游线。

（3）资源品位与质量。分析本地区主要体育旅游资源的价值和品位在国内外、省内外、市内外处于什么水平；与周边地区的体育旅游资源相比，在种类上、品位上和数量上，优劣程度如何；是以互补关系为主，还是以竞争关系为主；体育旅游资源的开发条件、施工条件如何。

2. 区位条件分析

区位条件是指一个地区与周围事物关系的总和，包括位置关系、地域分工关系、地缘经济关系以及交通、信息关系等。区位条件作为区域体育旅游发展的基础性物质条件，在进行体育旅游发展规划中，起着十分重要的作用。体育旅游发展规划中的区位条件分析侧重于两个方面：

（1）位置条件。主要分析地区的经济地理位置、行政区位及相关位置。即周边二三千米范围内是否有人口比较稠密、旅游消费能力较强的大中城市或厂矿企业；本地是否位于边境地区，或处于几个省域交界处，或处于经济发达与落后地区的交会处等，可能对本地体育旅游发展规划的影响；当地是否为行政中心；与其他景区的位置关系。

（2）交通条件。指一个地区与外界人员往来和物资交流的方便程度，亦指直达本地的交通状况。包括：本地或邻近地区是否有机场、火车站、高级公路或客运码头；外地乃至境外游客可否直达或经过比较方便的交通路线转到本地航班、车次的多少以及所需要的时间；了解近中期交通建设计划，预测本地对外交通和内部小交通的发展前景。

3. 市场条件分析

市场是体育旅游业发展的必要条件，它决定了体育旅游业对市场的依赖性。体育旅游规划过程中对市场需求的分析预测，是保证体育旅游业获得经济效益的前提条件。因此，市场条件分析是体育旅游发展规划的重要内容之一，是体育旅游开发可行性论证的一部分。具体包括以下分析：

（1）体育旅游者行为分析。包括旅游者出游目的结构分析，旅游者时间分配结构分析，如月变化、季节变化和年际变化，以及旅游者职业结构、出游方式和受体育赛事频率影响分析。

（2）客源市场分析。分析资源开发地可能吸引的客源市场、客源数量及空间分布；分析客源市场游客对该旅游地的需求状况及竞争形势；预测本地区客源市场的未来发展规模。

4. 自身环境分析

一个地区的自然社会经济状况也是影响地区旅游业发展的重要因素，该地区的经济发展水平是进行体育旅游开发的前提条件。因此对它们的分析也是体育旅游发展规划的内容。

（1）自然环境分析。包括当地的地势地貌，气候、植被、环境质量状况、自然灾害、体育旅游资源分布区环境容量（容人量、容时量）等。

（2）社会环境分析。包括：体育传统、现状与变革；各个民族传统体育开发情况；政府与居民对体育旅游的态度；是否支持体育活动的推广、国内外重大体育赛事的争办、民族传统体育的保护情况等；本地居民的总体生活状况处在温饱阶段，还是小康阶段；体育设施的状况；全体居民中，属于富裕、小康、温饱的居民大体上各占多少比例；旅游地的社会治安状况。

（3）经济状况分析。本地区国民经济处在什么阶段，是处在工业化的初期、中期，还是后期；本地区的国内生产总值及人均国内生产总值是多少，在国内、省内或市内处于什么水平，是处于前列、中间，还是后进状态；三大产业的比重各为多少；本地区国民经济结构调整的主要任务是什么；哪些是本地区的支柱产业、优势产业、传统产业和特色经济。

5. 设施条件分析

（1）基础设施条件。基础设施泛指国民经济体系中为社会、生产提供一般条件的部门和行业。包括文化体育、交通、邮电、供水供电、商业服务、科研与技术服务、园林绿化、环境保护、卫生事业等技术性工程设施和社会性服务设施。

它是社会经济活动正常运行的基础，体现了一个地区的社会经济现代化水平，制约着经济的空间布局。对旅游业发展而言，旅游目的地的对外交通方便程度、对外交通系统的构成状况、交通线路的等级和技术水平、内外交通的衔接关系、体育旅游资源分布区的供水供电、绿化状况、污染的治理力度等都对其产生重要影响，因此，需要在体育旅游发展规划中加以分析。

（2）体育旅游设施条件。体育旅游设施是指那些为满足旅游者娱乐和生活需求而修建的各种有关设施。旅游服务设施是体育旅游管理体育旅游设施中重要的组成部分，包括旅游饭店、旅游餐厅、旅游车船队、旅游商店、旅游者休息室、旅游卫生设施、导游指示牌等。它们为体育旅游业正常发展和旅游服务的顺利进行提供了必要的物质保证，是体育旅游发展规划的重要内容。

（二）旅游发展现状分析

1. 体育旅游发展速度与地位分析

明确区域旅游发展的水平和发展阶段，有利于从区域发展的实际出发，正确抉择区域旅游发展的战略方向、战略目标和发展模式，避免因盲目的高估或低估所造成的决策失误。

（1）发展速度分析。包括近年来体育旅游业发展的速度，发展速度的变化幅度，本地区国民经济发展速度，第三产业的发展速度以及与第三产业发展速度之间的关系，与相应区域或上级区域乃至全国的体育旅游业发展速度的比较，各种旅游类型的发展速度，构成比例的变化。

（2）发展地位分析。包括：体育旅游业在该地区国民经济及第三产业中所占的比例，近年来该比例的变动情况；政府对体育旅游发展的重视和支持力度；在上级区域乃至全国体育旅游业中所占比例及变动情况。

2. 体育旅游资源开发现状分析

体育旅游资源开发现状包括：体育旅游资源开发规模状况；体育旅游资源开发的空间布局；体育旅游资源的潜在价值（如健身、康体娱乐、美学、科学、历史文化、科学考察、生态等）与现实价值之间的关系；体育旅游资源的初级开发与深度开发状况；旅游功能综合开发与旅游活动类型的丰富程度；体育旅游资源特点与特色的挖掘、开发方向、开发程度等。还要对体育旅游资源开发中存在的问题进行深入的分析，如资源特色与开发方向是否一致，资源开发中的资源价值是否存在破坏，景观设计空间布局是否合理，是否已经制定了相应的保护政策，等等。

3. 体育游客构成情况分析

体育旅游者是体育旅游活动的主体，没有体育旅游者就没有旅游活动，分析体育旅游发展现状必须分析游客。体育游客构成情况分析可从以下几个方面展开：游客数量、游客的增长速度、游客的构成（性别、职业、年龄、体育知识了解程度、客源地）、游客的出游动机、游客对体育旅游对象的偏爱程度、游客的平均消费水平及消费构成、游客在该地的停留时间、游客的旅游路线等。

4. 体育旅游专业人员、体育旅游产业管理体制与法规建设以及旅游接待设施建设状况的分析

（1）体育旅游专业人员分析。从体育专业导游、旅游饭店员、旅行社员工三个方面展开，分析他们的数量、层次结构、素质等。同时由于旅游培训组织是重要的培训者，因而也要对区域的旅游院校等培训组织进行分析。

（2）体育旅游产业管理体制分析。包括产业决策协调体制（如体育局、计委、城建、财政、规划、交通、农林、工商、财贸、公安等）、行业管理体制（旅游局和体育局），行业自律体制（体育旅游业协会）以及旅游景区（点）管理体制（如建设、林业、海洋、地质、环保、文化、文物、旅游部门等），分析它们的健全程度以及管理中的协调合作状况。

（3）旅游业法规分析。包括针对旅游企业、旅游从业人员以及旅游消费者的各项法规的制定及实施情况。

（4）旅游地的可进入性分析。包括：交通工具和交通设施（机场、道路等）分析，能否实现旅游的"进得来，散得开，出得去"；旅游接待设施分析，涉及旅游的饮食、住宿、购物、娱乐设施等。

（三）体育旅游系统规划的策划与创意

体育旅游系统规划的策划与创意是体育旅游发展规划的精髓，是贯穿所有旅游开发项目的红线，是最能体现规划水平的部分。其主要内容有：旅游目的地旅游开发目标定位，旅游目的地旅游项目与旅游产品的主题、形象策划与创意等。其中旅游目的地旅游开发目标定位主要是，确定目的地旅游发展的方向和要达到的各种具体目标。例如，是开发成为体育旅游观光游览地，还是体育旅游参与活动目的地，是以接待国际游客为主，还是以接待国内游客为主，要实现的经济、社会和生态目标各是什么，等等。然后根据目的地旅游发展基础条件和定位，瞄准旅游目的地要实现的目标，围绕突出地区旅游特色来确立旅游目的地的主题形象，针对市场确定主要开发的、能够充分发挥资源优势的旅游项目与产品，并确

立每个项目和每类产品体现的主题形象等。

（四）体育旅游系统规划的设计与实施

1. 体育旅游吸引力设计与建设

体育旅游吸引力子系统主要包括旅游景区景点吸引力，体育旅游活动吸引力，体育旅游设施、环境及服务特色吸引力等，其中旅游景区景点吸引力的设计与建设往往特别受到人们的关注。其主要内容有：旅游功能用地的划分，旅游吸引物与体育旅游活动的空间布局与设计，旅游吸引物形象的塑造与环境氛围的营造，特色设施与特色服务的设立与建设，体育旅游主要项目的设计，建设与时序安排，主要体育旅游产品的组织与安排等。其设计与建设成功的关键，是充分发挥旅游目的地体育旅游资源及其他旅游发展基础条件的优势，紧紧围绕已确立的主题形象进行开发。

2. 体育旅游基础设施的安排与建设

体育旅游基础设施包括旅游交通设施、接待与服务设施。主要有目的地的旅游通道的安排、设计与建设，旅游接待与服务设施（包括厕所）的空间布局与建设，体育旅游标识系统建设等。旅游基础设施的安排与建设以人为本，以方便旅游者活动为根本出发点。

3. 目标客源市场的营销与开拓

一个旅游目的地的客源市场往往是多目标、多层次的，不同目标市场的客源需求各不相同，它们对旅游目的地的经济意义也各不一样。同时随着时间的推移，同一客源市场的旅游需求往往要发生变化，旅游目的地自身的吸引力以及外部条件也会变化，所以旅游规划必须对旅游客源市场的开拓、营销策略以及时序安排作出规定。

（五）体育旅游支持保障系统的规划建设

体育旅游支持保障系统主要涉及资源与环境保护、政策法规、人力资源、财政金融等方面，它们是关系旅游规划开发能否顺利实施，旅游业能否可持续发展的重要因素。通过对资源与环境的保护规划，可以促进目的地的旅游可持续发展；通过政策保障规划，可以有效运用已有的政策法规，并在可能的条件下争取更有力的政策支持；通过人力资源规划，可以实现有计划地为旅游目的地培养需要的管理与服务人员；通过财政保障规划，可以为体育旅游目的地建设和发展筹集足够的资金……从而全面确保体育旅游发展规划活动的顺利实施。所以，有关体育旅游支持保障系统的规划与建设，也是体育旅游发展规划必不可少的内容。

二、体育旅游发展规划的目标体系

体育旅游发展规划的目标是多方向、多层次、多时序的，既有宏观的整体目标，也有微观的局部目标；既有长远的战略目标，也有分阶段的具体目标。根据目标表达的内容与所属性质可以将其分为旅游总目标和旅游分目标两大类，其中旅游分目标又分为旅游区域贡献目标和旅游行业发展目标两类，然后每一类中又分为若干目标型，每个目标型中再分为概念目标与具体目标两个层次，即将旅游目标分为旅游总目标—分目标类—分目标型—概念目标—具体目标五个层次。其中总目标是统领区域旅游发展全局的方向，分目标类与分目标型是表示目标属性的；概念目标是表明体育旅游发展规划在某一方面要达到的目标方向，具体目标则是概念目标的落实，往往需要用一些具体的数据来表示。

（一）体育旅游总目标

总目标就是体育旅游发展规划对未来旅游发展应该达到的目的的总体说明，是体育旅游发展规划的总参考点，它规定了旅游规划对象的发展总水平和总方向。因此，在制定体育旅游发展规划的总目标时要保持其概括而明确的特点。在大多数情况下，由于规划与开发所涉及的方面较多，不可能就用一句话概括规划与开发的总目标，往往使用一个目标的组合来表示，很可能既涉及旅游区域贡献目标也涉及旅游行业发展目标。

（二）体育旅游区域贡献分目标类

旅游业是一个涉及面广的产业，几乎与食、住、行、游、购、娱直接或间接相关联的各行各业都可以随着旅游业的发展而发展，所以人们公认旅游业是一种关联带动效应特别大的产业。

毫无疑问，旅游业发展必然对区域经济发展带来较大的影响，特别是在旅游发展进入了快车道的今天，旅游业的发展往往被誉为区域经济发展新的增长点，人们强烈地期望旅游业为区域的发展作出较大的贡献，并在旅游规划中确定出旅游业对区域发展的贡献目标。一般来说，贡献目标类往往包括经济、社会、生态三个方面的内容，亦即包含三个分目标型。

1. 经济贡献分目标型

经济贡献分目标型主要表达旅游发展对区域经济方面的贡献，所要追求的目标类型。其中概念目标指旅游发展的概念目标，如"使旅游产业成为国民经济的支柱产业"，或"使旅游产业成为区域发展新的经济增长点"等；具体目标是旅游发展概念目标的进一步落实，如以旅游产业收入在国民经济所占比重达到千分之几的具体数值来落实"支柱产业"概念目标；以旅游经济增长率高于国民经济增长率、旅游创汇占外汇收入总量的比例及与外贸创汇的比较数据来落实"新的经济增长点"概念目标等。

2. 社会贡献分目标型

社会贡献分目标型主要表达旅游发展对区域社会方面的贡献所要追求的目标类型。其中概念目标如"提高目的地知名度"等；具体目标中则可用客源地在不同时段的拓展来落实"提高目的地知名度"的概念目标；用旅游就业岗位增加率、旅游产值的增加率、因发展带来的旅游基础设施与对外交流环境的具体改变等数据来落实的概念目标等。

3. 生态贡献分目标型

生态贡献分目标型主要表达旅游发展对区域生态环境方面的贡献，所要追求的目标类型。其中概念目标是与生态环境可持续发展相关的精练话语，如"旅游发展要成为蓝天、碧水、青山计划的强大支撑"，"使旅游目的地成为世界最宜人的居住环境"等；目标中则可用增加绿地面积的数量、植被覆盖率的增加值、地表水质级别的变化值等数量指标来对概念目标进行具体说明。

（三）体育旅游行业发展分目标类

体育旅游行业发展分目标类主要指旅游业本身各方面要达到的目标。包括旅游产业整体分目标型、旅游形象发展分目标型，旅游企业发展分目标型、旅游客源市场拓展分目标型等次一级目标类型。

1. 旅游产业整体分目标型

旅游产业整体分目标型的概念目标主要反映目的地旅游产业发展的总目标，是体育旅游发展规划的基点，它规定了旅游产业的发展总水平和总方向。如旅游产业在国民经济中的地位、旅游规模、排名变化等的总体表述，由于是产业发展的总方向，其中有些方面可能会与旅游区域贡献目标相重合。其具体目标包括旅游接待规模、旅游收入总量、旅游外汇收入量及其在相应经济量中所占比重的具体数值或在同级别区域中的排名等，而且这些数值在不同时段的具体目标如何也应有明确的目标。

2. 旅游形象发展分目标型

旅游形象发展分目标型的概念目标主要是如何做好旅游规划区建设，突出何种鲜明的旅游总体形象，如何反映旅游地特色。如云南省旅游的总体形象可确定为"中国农业少数民族的大观园"。具体目标中又可细分出景观特殊形象、旅游主题形象、品牌支撑形象、市场指引形象等。旅游形象目标是否有创意，是否鲜明突出，对旅游地吸引力的提升有很大的影响，是最能体现规划者水平，也是最需花精力之处。

3. 旅游企业发展分目标型

旅游企业发展分目标型的概念目标表达旅游企业发展的总体目标。如"建立与旅游产业规模完全相匹配且全面协调发展的旅游企业系统"等。旅游企业发展的具体目标则要求对旅游交通、旅游饭店、旅行社、旅游景区景点等旅游企业提出具体的要求，如各不同档次旅游饭店的个数、床位数及所占比例，交通方式及交通线路、交通工具档次的具体组成等。

4. 体育旅游客源市场开拓分目标型

旅游客源市场开拓分目标型的概念目标主要表达旅游目的地所要依赖或需

开拓的旅游客源目标市场的整体状况。类似于由单一目标市场向多元目标市场转变,由入境客源向入境、出境与国内客源目标市场转变等。具体目标则必须说明哪些是基本市场,哪些是重点市场,哪些是巩固市场,哪些是开拓市场,其开拓巩固的时序安排如何。即确定不同时段客源市场具体巩固开拓的目标。

三、体育旅游发展规划的方法体系

体育旅游发展规划在发展过程中已经形成了其所独有的理论方法体系,尽管这些理论方法体系不一定成熟,但是从其系统性来说已经是趋于完整了。

(一)综合法

目前,国内基本上都把由 ratcdapproach 翻译为综合方法,实际上翻译为集成方法更为贴切些。国外一些专家,如格莱弗(ravcl)认为:最初专注于客源市场或某些资源的规划,很少广泛考虑,人们称这种规划方法为"运营研究"。一直到 20 世纪 60 年代这种方法还没有什么实质性的变化。在 20 世纪 50 年代,计算手段就有较大的变革,人们采用计算机技术可以处理和分析更多的计量经济数据,但这只不过是计算的手段和技术发生了革新,规划本身并没有任何变化。在 20世纪 60 年代初,尽管大而复杂系统的管理技术方法和新的商业应用技术被采用,但规划方法仍没有大的进步。因而,20 世纪 60 年代以前的方法都是一种非综合方法。直至 1965 年规划中首次同时采用了直接和间接的方法手段,利用了二者的互补性,并广泛考虑了区域和环境的背景,因而这种方法相对以前而言,体现出了综合集成的方法思想。

(二)系统规划法

系统规划法的雏形是综合动态法。最早是由 Baud-Bovy 提出的。其总体规划(master planning)开始反映这种思想方法。同时他还指出这种规划的过程是一个周期性的重复过程。每隔一定的时间要重做一次规划,这个间隔一般为 5 年,而每一次的规划称之为总体规划。

（三）社区法

主要倡导者为墨菲（PeterE. Murphy），他于 1983 年在《旅游：一个社区方法》一书中较为详细地阐述了旅游业对社区的影响及社区对旅游的响应，以及如何从社区角度去开发和规划旅游。他把旅游看作一个社区产业，作为旅游目的地的当地社区是一个生态社区。他构筑了一个社区生态模型。社区的自然和文化体育旅游资源相当于一个生态系统中的植物生命，它构成食物链的基础，过分地索取会导致植物的减少和自然退化。当地居民被看作生态系统中的动物，他们作为社区吸引物体中的一部分，既要过日常生活又要作为社区展示的一部分。旅游业的收益来自游客，游客关心的是旅游吸引物（自然和文化体育旅游资源及娱乐设施）和服务，这是"消费"的对象。这样吸引物和服务、游客、旅游业与当地居民便构成了一个有一定功能关系（生物链）的生态系统中的主要成分。它们的比例是否协调，关系到系统的健康和稳定。按照这种思维方法去规划和组织旅游业便是社区法。社区法非常强调社区参与规划和决策的制定过程。当地居民的参与使规划中能反映当地居民的想法和对旅游的态度，以便规划实施后，减少居民对旅游的反感情绪和冲突。

（四）门槛分析法

门槛分析（threshold analysis）方法是由波兰的区域和城市规划专家马列士于 1963 年在其著作《城市建设经济》中正式提出的。该方法最初的应用形式是城市发展门槛分析，是综合评价城市发展可能的综合规划方法。1968 年，马列士在对一地区的规划中首次将门槛分析方法直接应用于旅游开发。他从门槛分析的角度把资源分为两大类：一类是容量随需求的增加成比例渐增，另一类是容量只能跳跃式地增加并产生冻结资产现象。同时他把旅游业中的资源按功能特征分为以下三种：

（1）旅游胜地吸引物，指风景、海滨、登山和划船条件、历史文化遗迹等。

（2）旅游服务设施，指住宿、露营条件、餐馆、交通、给排水等。

（3）旅游就业劳动力，指服务于旅游业的劳动力。

马列士认为以上三种体育旅游资源中住宿条件（如旅馆、汽车旅馆、露营地、私人住房等）可随需求的增加，容量逐渐增大，属于第一类型；给水条件属于第二类型。因为给水量在不超过现有水资源限制条件下可渐增，但增到一定限度后需要大量投资来开辟新的水源。这个一定限度便是供水量发展的门槛。在跨越门槛的建设后如不再继续增容利用，便会产生剩余容量，导致资产的冻结，大大降低方案的经济效益。

当今门槛分析方法已不局限于具体设施项目分析，而已被应用到整个旅游地的开发规模上。"旅游门槛入口"的提出便是将单项目门槛分析推广到旅游地接待规模与效益的分析之中，以便决定其开发规模。

（五）GIS 分析方法

GIS（地理信息系统）是一种以计算机为基础，综合处理地理空间信息的技术。它最早源于计算机图形学。随着科学技术的发展，增加了地图数据与文字属性数据联结、多边形属性分类、面积量算、叠合分析等功能。

GIS 把数据分为空间数据（即反映事物地理位置特征的数据）和属性数据（即与事物地理位置相关，反映事物其他特征的数据）两大类，其显著特点是能把反映不同空间区位的属性数据置于空间"面"上进行分析，且"面"的划分灵活自由，所以它特别适用于描述、分析、储存、管理在城市建设、城市管理和旅游规划管理等领域中出现的以地块或区域为分析单位的空间数据。

GIS 在旅游规划中的应用主要体现在数据的获取、空间分析和成果的表达这三个方面，这样，对模型从数据输入到结果生成都有个一体化分析、直观表达、快捷运作的技术手段。

（六）SWOT 方法

SWOT 法是分析一个经济主体战略地位的重要方法，能清晰地认识研究对象的特征与地位，把握研究对象在区域环境中与其他同类对象的区别与联系，从而使研究结果建立在一定的区域环境及对象的联系中。这里的经济主体可以是一个区域，可以是一个行业，可以是一个企业，也可以是一个产品。

S、W、O、T 分别是 Strengths（优势）、Weakness（劣势）、Opportunity（机会）、

Threaten（威胁）四个单词的第一个字母。SWOT 法就是通过对区域经济主体所具备的优势和劣势的分析来判断经济主体实力，通过分析自身所处的环境的机会和威胁来判断环境的吸引力。经济主体自身的实力和环境的吸引力共同构成该经济主体的战略地位，据此作为制定区域经济发展战略的出发点。这里强调的优势与劣势、机会与威胁都是相对的概念，其含义是指与竞争对手相对的结果。其中，优势理解为经济主体所面临的环境中，其能力与资源较竞争对手所具有的优越性、优点、特点和长处等；劣势应理解为经济主体所面临的环境中，其能力与资源上较竞争对手所存在的弱点、缺点和不足等。机会与威胁是指经济主体所面临的环境中，已经出现或即将出现的一种变动趋势或时间，如果这种趋势或时间对经济主体活动有利，同时经济主体如果抓住的话，使经济主体向有利的发展方向发展，则经济主体的战略地位会得到改善，此时它则是一种机会。如果不利，即存在被同类替代的趋势，则经济主体的战略地位会遭受损害，那么它就是一种威胁。优势和劣势是本质的实体，机会和威胁则是指大环境下实体的运作。需要指出的是，这里讲的优势、劣势是具有相对的含义，大家共有的优势或劣势不能算为经济主体的优势或劣势。此处的机会、威胁也是相对的，其含义有以下几层：第一，环境中出现变化趋势对一部分经济主体是机会，对另一部分经济主体则是威胁；第二，环境新趋势本身是变化的，在一个阶段中表现的是机会，在另一个阶段中却表现出的是威胁；第三，机会与威胁在很多情况下是相对于经济主体目前所执行的发展战略而言的，当经济主体发展战略作出调整时，就有可能使这种外部变化趋势的性质向其相反方向变动。

由此可以看出，优势、劣势侧重于内部环境的分析，机会、威胁侧重于外部环境的分析，内外部分析的综合结果，形成了对经济主体战略地位的判断，优势、劣势、机会、威胁对经济主体战略选择起着重大的制约作用。因此，SWOT 法不仅能够给出一个对区域经济战略地位的比较清晰、全面、系统的判断，也为制定提升区域竞争力和发展区域经济的战略提供一个直接的思路。一个优秀的区域经济发展战略，应能最大限度地集中区域自身的优势予以充分发挥，最有效地抓住环境中的机会予以充分利用，使区域竞争力得到极大提升，区域经济得以很好发展。同时，区域经济发展战略还应能克服自身的劣势，很好帮助区域回避环境出现的威胁。因此，衡量区域经济发展战略是否正确的一个简单而有效的准则是：它是否能够充分发挥优势，是否能及时抓住机会，是否能很好地克服劣势，并是否能有效回避威胁。

（七）虚拟现实技术方法

虚拟现实（virtual reality）技术是一个由图像技术、传感器技术、计算机技术、网络技术以及人机对话技术相结合的产物，它以计算机技术为基础，通过创建一个集三维视觉、听觉和触觉于一体的全方位环境，使用户利用系统提供的人机对话工具，同虚拟环境中的物体对象交互操作，使用户仿佛置身于现实环境之中的一门综合性技术——一种自然交互的人机界面。旅游规划设计的虚拟现实技术是一项极其复杂的系统工程，它是根据传统的规划设计理念，采用现代高科技手段和综合集成思想进行模拟、分析和处理。一个旅游规划设计的虚拟现实技术系统应包括三大组成部分：

1. 背景条件数据库

背景条件数据库主要反映旅游地的背景情况。一般包括如下数据：第一，各种体育旅游资源的品位、数量及其分布；第二，各种自然条件特征及其空间分布，如地形地貌、气候、动植物等；第三，区位条件，包括交通区位、市场区位、地价区位和环境区位等；第四，社会经济背景，包括人口、居民点、国民经济收入水平、社会治安情况等。

2. 目标条件数据库

目标条件数据库主要反映游客、业主或规划设计人员的目标要求，即社会、经济、环境三大综合效益。具体来说，主要包括如下数据：第一，市场需求，如旅游者的收入水平、价值取向，心理特征，行为规律等；第二，投入产出要求；第三，旅游产品定位、选择及优化组合要求；第四，旅游线路组织安排要求，如游览方式、日程及内容等；第五，空间布局及艺术审美要求，如各种体育旅游设施的数量、占地面积、建筑面积、容积率、绿化率、功能分区、体量组合、色彩搭配、建筑风格等；第六，形象设计要求，包括文脉分析、形象定位、形象设计、形象传播等；第七，经营管理及营销策划要求；第八，环境保护要求。

3. 虚拟现实技术处理系统

虚拟现实技术处理系统主要是通过人机对话工具，把背景条件和目标条件数据输入该系统，并对它们进行处理，形成规划方案，这也是一个极其复杂的循环的人机交互作用及数据处理过程。该系统包括：

（1）硬件系统。包括：①跟踪系统，用以确定参与者的头、手和躯体的位置；②触觉系统，用以提供力与压力的反馈；③音频系统，用以提供立体声源和判定空间位置；④图像生成和显示系统，用以产生视觉图像和立体显示；⑤高性能计算处理系统，应有高处理速度、大存储容量和强联网特征。

（2）软件系统。一般包括操作系统、数据库系统软件、GIS 软件、图像处理软件、系统开发软件等。要求软件系统能接收各种高性能传感器的信息；能生成立体动画显示的图像；能把多种数据库以及多种 GIS 软件、CAD 软件进行调用和互联。

（八）双筛法

"双筛法"是一种"协调思想"的产物，它主要是致力于协调各种关系，特别是旅游规划研究过程中，旅游规划专家、旅游开发商、旅游客源市场（旅游消费者）和旅游开发地居民之间的关系，可以有效地解决其间的多种矛盾。

"双筛法"的主要目的是有效地组织各种资源，既面向市场，又面向旅游开发者，也充分发挥旅游规划专家的主导作用，动员一切可以动员的力量，依靠一切可以依靠的力量，设计出适合的旅游产品，满足人们的旅游消费需要，实现旅游开发的经济效益。

"双筛法"的主要特点包括：第一，客观性。就是旅游产品设计过程中的一切"筛法"，都是用客观的方法采纳各方面对于旅游开发的意见，杜绝旅游规划专家的"主观想象决定论"现象。第二，易接受性。"双筛法"所采用的都是简单实用的方法，便于在工作中推广。第三，针对性。"双筛法"的每一工作步骤的对象清晰，工作的目的明确，针对性突出。

第二节　数字经济驱动的体育旅游发展规划的功能

体育旅游发展规划的主要任务，是促使旅游系统的进化因素占据主导地位，引导和控制旅游系统的发展，规避风险，确保旅游系统按照事先确立的目标，依照旅游发展的规律，实现可持续发展。对体育旅游发展规划功能的定位从三个方面入手，即体育旅游发展规划的基本功能、核心功能和提升功能。

一、体育旅游发展规划的基本功能定位

体育旅游发展规划的作用，就是在旅游系统内部建立起一套由正反馈和负反馈机制组成的旅游发展控制体系。这是它的基本功能所在，具体体现在六个方面：

（一）吸取人类文明的经验教训

资源成本的外在化，容量超载，项目一哄而上等问题，是国内外无规划的体育旅游发展的通病。其症状是旅游系统的结构与功能演变的方向，随着时间的推移越来越不符合社会目的。体育旅游发展规划的职能在于为旅游系统提供良好的发展框架，以避免自然演化的旅游系统所必经的粗放性、随机性、破坏性的发展道路。

（二）确定体育旅游发展的合理目标

体育旅游系统的发展目标用以规定旅游系统合理的发展总水平和总方向。其合理性的主要标志是既理想又可达。体育旅游发展规划目标在形式上是主观的，它所反映的内容则要趋于客观。因为旅游发展的规律是客观的，它具有一定的阈值范围，即该规律借以运行的客观条件的最低和最高极限。所制定的目标一旦超越了这种作用界限，就会因夸大体育旅游发展规划的作用而受到客观规律的惩罚。确定合理的规划与开发目标，实质上是一个寻求理想与可达之平衡点的过程。它要求体育旅游发展规划全面把握旅游系统的发展规律，并尽可能在量上进行科学预测和识别，对规划与开发目标的要求应不大于或低于现有手段所能达到的水平，即降低规划与开发目标。如果规划与开发目标不能降低，则重点研究增强或增加手段直至与理想的发展目标相匹配。如果既不能降低规划与开发目标，又没有立

即增强的手段，则可维持目标，立足可能的手段，先完成较近、较低的目标，通过时段效应，在发展过程中逐步实现理想与可达性的统一。

（三）催化旅游系统要素的相互整合

旅游系统要素的整合首先是市场、资源与效益的整合。资源是发展旅游的基础，市场是发展现代旅游的手段，效益（包括社会、经济和环境三大效益）是发展旅游的目的。忽视资源条件，旅游市场竞争的风险就会大大增加；没有需求基础，不能推出适销产品，就无法取得市场的成功。体育旅游发展规划的职能，在于自觉地、完整地整合社会经济规划以及物质性规划的科学知识和技术方法，科学合理地确定资源与市场的平衡点；在于调动社会经济系统中已有的支持力量，或组合、创建新的支持力量，指导和强化有关各方的协同关系；通过将原本各自为政的专项规划或被认为非必要的规划与开发内容整合成为服务于同一目的（旅游"产品"）所必需的规划技术体系，以此科学地整合旅游经验。

（四）规避旅游系统的发展风险

旅游系统的动态发展是一种系统状态向另一种系统状态的过渡。其中，无规划与开发的旅游系统从功能耦合网的稳态开始，标志着旅游系统的成形。如果这一耦合网能在旅游系统发展中进一步自我更新，形成新的耦合网，那么这个旅游系统会自动发展下去。但是实践表明，很多旅游系统在现实的社会经济环境条件下，均会出现不同程度的内部稳态失调和外部环境变化的压力。体育旅游发展规划必须在遵循旅游系统自身规律的前提下，通过发展选择，预先谋划和及时调节旅游系统的耦合结构，来维持旅游系统持续发展所必经的内部变化，抵御环境变化所带来的风险。

对旅游系统的整体演变作出发展选择，实质上是对旅游系统的发展动态的控制过程。其中，体育旅游发展规划的规划引导作用，通过预测、宣传、政策鼓励、公共资源配置与财政投入等手段，形成旅游发展的基本条件，影响其他旅游开发与经营活动的基本趋向。体育旅游发展规划的发展控制作用，则通过立法司法、行政条例与规划监管，并委托其他管理部门（如市场监督管理、公安、环保等）

协同管理，使旅游发展的状况限制在必要的阈值范围之内，确保各部分发展的同时，旅游系统的整体效益最佳，并符合全局的、长远的利益。

（五）修正体育旅游发展的目标

偏离的体育旅游发展规划一旦实施，旅游发展的实践过程就获得了主体的改造。由于环境的变化，内部规律的强制作用，规划与开发目标的不准确性以及主体追求的变化，导致旅游系统的实际发展和规划与开发目标之间会存在一定的距离或方向偏差。体育旅游发展规划不是一次性的、描述终极状态的技术活动，而是一个在谋划未来与实践之间的循环往复的过程，必须随着旅游发展而不断密切跟踪目标本身的变化。体育旅游发展规划的职能不在于完全准确地预知和精确地制造未来，而在于正确地认识趋势、利用变化和影响未来。体育旅游发展规划修编作为体育旅游发展规划的特殊形态，其职能是保证体育旅游发展规划随着旅游系统的客观发展和对旅游系统的认识发展而不断地发展。按照目前的旅游市场变化幅度、预测技术的精度，参照我国的规划、计划体系的变化周期和旅游规划的实施经验，体育旅游发展规划应每 5 年须进行一次综合评估和规划修编。

（六）维持旅游系统的稳定运行

体育旅游发展规划的作用在于为人类提供价值，包括：提供自然环境价值，即改善人类与生命系统、环境系统的关系；提供经济价值，即通过旅游生产和消费，提高主体生存质量的创造、分配及交换关系；提供精神价值，包含知识价值、道德价值、文化价值、审美价值和人的价值，帮助人类趋向理智、高尚、文明、健康、自由和全面的发展。然而，体育旅游发展规划的作用不是无限的，它须接受社会与自然的约束。旅游可持续发展的内部特征，是生态环境压力与社会压力小于旅游系统的承载力，外部特征是增强连续性、系统稳定性和代际公平性。体育旅游发展规划的职能是协调与解决在旅游市场条件下通常无法自动解决或难以局部解决的一系列矛盾，维护生态环境秩序、社会文化秩序和竞争秩序，不断补充后续动力，以维持或及时恢复旅游系统运行的稳定性。

二、体育旅游发展规划的核心功能定位

体育旅游发展规划就是以旅游系统为规划与开发对象；在乡村旅游目的地和客源市场这对供需关系，以及与这对关系有紧密联系的支持系统和出游系统诸因子的调查、研究与评价的基础上，制定出全面的、高适应性的、可操作的旅游可持续发展战略及其细则，以实现旅游系统的良性运转，达到整体最佳且可持续的经济、社会与环境效益，并通过一系列的动态监控与反馈调整机制，来保证该目标的顺利实现。其基本思想是：以客源市场系统为导向，以旅游目的地系统规划为主体（其中结合市场与资源设计的旅游产品是旅游目的地系统乃至整个旅游系统规划的核心），以出游系统为媒介，以支持系统为保障，以反馈系统来监控。

旅游系统是一个复杂的巨系统，旅游系统规划与开发要解决很多问题，诸如客源市场、旅游吸引物、环境容量、交通和人力资源等。这些问题又交叉覆盖，互相影响，牵一发而动全身。甚至旅游规划中出现的任何问题都必须通过旅游系统这个整体来解决。

在体育旅游发展规划里，就是把旅游系统分成四个子系统来进行描述和规划的，即客源市场系统、目的地系统、出游系统和支持系统。其中，客源市场系统的研究核心是旅游主体，即消费旅游产品的旅游者，他们出游的动机是旅游行为方式以及选择的旅游产品；目的地系统包括旅游吸引物、旅游设施和服务系统，其核心是这三者集成的旅游产品系统；出游系统包括旅游营销、交通、旅行服务、旅游组织管理等；支持系统是保证旅游系统正常运转的保障因子，包括管理体制、政策法规、环境保护、人力资源、资金计划、安全控制、医疗卫生等。

体育旅游发展规划的核心职能是将旅游资源、人力资源、资本与物力资源等各要素资源优化配置，以确定未来旅游活动的组织体系；以突出旅游产品的差异化与多样化为导向，实现旅游者旅游目的和旅游地旅游发展目标及各项效益。已制定的体育旅游发展规划并非旅游地发展的终极蓝图，旅游地的开发是一个动态性特征突出的系统建设运作过程，其运作要面对不断变化的各种因素。所以，须及时针对旅游地运作过程中的反馈信息，定期根据经济、社会发展形势，市场运

行情况，旅游者需求变化动态，技术进步程度以及体育旅游发展规划实施情况，对旅游规划和旅游地运营策略进行调整与优化。

因此，体育旅游发展规划对旅游的整体性、系统性的管理功能贯穿了旅游地开发的全过程，并经由管理调控层、管理因子层、管理目标层、管理对策层等四个相互衔接的管理层面操作，构成了体育旅游发展规划对旅游地的管理功能系统。

三、体育旅游发展规划的提升功能

在全球化、信息化、网络化、生态化、集团化的大背景下，旅游规划中的社会因素、信息要素、资本运营与生态环境因素越来越受到重视。从国外来看，体育旅游发展规划日益由物质建设规划开始转向社会、经济等"软件"发展规划与开发。生态最佳化成了未来发展规划的新方向。从范围上看，体育旅游发展规划更加重视以整个区域、大旅游、大产业为对象，要综合考虑物质与生态环境，历史与文化、经济和社会等诸多因素。

（一）重视智力要素，突出体育旅游规划创新

旅游发展创新规划是以旅游系统为规划与开发对象，在对旅游供需关系以及与这对关系有紧密联系的支持系统诸因子的调查、研究与评价的基础上，制定出全面的、高适应性的、可操作的旅游发展战略及其细则，实现旅游系统的良性运转，达到整体最佳且可持续的经济、社会与环境效益，并通过一系列的动态监控与反馈调整机制来保证该目标的顺利实现。其基本思想：以客源市场系统为导向，以旅游目的地系统规划与开发为主体（其中结合市场导向与资源指向而设计的旅游产品是旅游目的地系统乃至整个旅游系统规划与开发的核心），以出游系统为媒介，以支持系统为保障，利用反馈系统来监控，从而达到旅游可持续发展。

（二）协调相关产业，实现区域整体发展目标

旅游产业是由第一、第二、第三产业中的诸多行业和部门复合而成一个综合

性的产业群体。作为当地国民经济和社会发展计划的一个组成部分，它的发展要符合该地的特点及发展方向，与其他各业一起协调发展为区域经济、社会发展的整体目标服务。同时由于旅游产业是相关性极强的产业，它的发展必须与其直接依托的交通运输、信息产业、风景园林、农林业、生态环保、文化文物等部门以及行业或专业的规划互相协调、衔接。因此，体育旅游发展规划必须站在区域整体发展的高度，合理安排旅游产业的各项指标，以旅游为龙头，带动第三产业的全面发展，促进第一产业和第二产业中相关行业的升级与更新，共同推动地区国民经济的结构调整和腾飞，实现区域发展总体目标。

（三）塑造体育旅游品牌形象，获得市场持续竞争力

旅游目的地的形象并非永恒不变的，在保证形象主体不变的前提下，要针对需求市场的变化，对反映旅游地形象的相关产品进行不断的更新与发展，使已有的优秀形象在旅游者心中更为稳固，并保证在众多供给的市场中拥有持续的竞争力。这也是体育旅游发展规划的一项重要提升功能。体育旅游发展规划在受众分析的基础上，利用现有资源与技术条件延长产品生命周期，力求保持目的地形象对游客的吸引力，从而塑造品牌形象，获得市场持续竞争力。

（四）优化资源配置，实现区域体育旅游可持续发展

区域旅游可持续发展，不是单纯的经济发展，而是"生态—经济—社会"三维复合系统整体的可持续发展。为了保证体育旅游资源开发能满足当代人对旅游发展的需求，而且不损害后代人的利益，体育旅游发展规划过程中将充分发挥现有资源的效益，强化环境保护，注重利益公平。旅游资源的开发要分区、分期、分批地有序进行，要留有充分的余地。对于目前没有条件开发的旅游资源，要以保护为主，留给后代去开发。体育旅游开发是千秋万代的事业，在"大旅游"发展的今天，体育旅游发展规划将放眼全局，用前瞻性的理念来优化配置资源，合理开发与保护资源，适度开发体育旅游产品，实现体育旅游的可持续发展。

第三节　数字经济驱动的体育旅游发展规划的模式

体育旅游发展规划的发展过程在时间上大致可以分为几个不同的阶段。在各个不同的发展阶段中，人们形成了各异的体育旅游发展规划理念。相应地，在这些理念的指导之下，体育旅游发展规划呈现出不同的导向模式。总体来说，体育旅游发展规划的发展经历了以下几个阶段：体育旅游资源开发阶段、市场开发阶段、形象塑造阶段、产品开发阶段。相应地，在体育旅游发展规划模式上也形成了资源导向、市场导向、形象导向和产品导向四种类型。

一、资源导向模式

资源导向模式产生于体育旅游发展规划的早期。此时，体育旅游尚未成为人们生活中的重要组成部分，体育旅游活动的开展还不普遍。这就使得这一时期的体育旅游发展规划只具备一种单一的开发理念，即只注重对旅游资源本身的分析和开发利用。

（一）资源导向模式关注的焦点

体育旅游发展规划的资源导向模式关注的焦点集中体现在体育旅游资源的调查，分类评价以及对这些旅游资源的开发规划等方面，这一关注的焦点是由当时的旅游业发展水平及其在国民经济和社会发展中的影响所决定的。

首先，在改革开放之初，体育旅游还未成为人们生活休闲的一个重要组成部分。这一阶段我国的旅游业尚未独立出来，仅被当成外事接待活动来安排，完全没有经济性的目标。无论是从旅游者还是从旅游开发地来看都没有显示出多少开发热情和必要的需求。这样的环境当然无法激起旅游规划工作者的研究热情。因而其开发的目标和关注的焦点就只能集中在旅游资源上，对旅游者的需求和旅游开发地的各种利益很少加以考虑。

其次，该时期的旅游市场尚未形成。体育旅游者和旅游企业还未能成为体育旅游活动中的主体，在缺乏"看不见的手"的情况下，体育旅游资源的开发和合理配置的效率是低下的，旅游规划和开发人员的市场意识也是淡薄的，根本不能从市场需求上来寻求旅游资源开发的新思路。因而在这样的情形下，只能从研究者的专业角度出发来对体育旅游资源作出基本评价和开发安排。

最后，体育旅游发展规划人才的缺乏，也是导致该时期体育旅游发展规划焦点仅能集中于旅游资源本身的原因。在旅游业发展的初期，旅游教育没有得到应有的重视，导致了体育旅游专业人才的缺乏。旅游业中直接从事服务及管理的人才开发和储备情况稍好一些。正是由于旅游专业人才的缺乏，使得体育旅游发展规划的体系不够系统、完整，从而很难对旅游活动中涉及的食、住、行、游、购、娱等方面进行统筹的开发规划，因而只能停留在体育旅游发展规划的基础层面，即对区域旅游资源进行评价和开发方面。

（二）资源导向模式的规划思路

资源导向模式的一个重要学科理论基础就是地理学。在地理学的区域开发理论中，区域旅游是一个十分重要的概念。所谓区域旅游就是在旅游资源分布相对一致的空间内，以旅游中心地为依托，依据自然、地理、历史等条件，以及一定的经济、社会、文化条件，根据旅游者的需要，经过人工的开发和建设形成有特色的旅游空间区域。体育旅游发展规划是发展区域旅游的基础，对区域旅游的发展具有十分重要的意义，它是从区域旅游整体的自然、经济、社会、交通和区位等条件出发，对旅游空间的各要素进行综合性的统筹开发规划。

体育旅游发展规划在不同类型的旅游区域内，其规划的内容和重点是不同的。对于那些旅游资源储存丰富，旅游业发展较为成熟，或那些具有潜在旅游发展条件的地区，其规划与开发中必然会涉及对区域旅游发展战略的研究，必然要包括旅游发展的战略目标和相应对策的研究。毋庸置疑，在制定区域旅游发展战略时，必须以旅游资源结构为基础，充分考虑社会经济条件的影响，从而确定该区域的长期发展规划。因此，该导向模式下的规划思路就是从本地旅游资源的基础情况出发，制订适合本地旅游发展的开发计划，进行旅游业发展战略的研究。

（三）资源导向模式的特征

资源导向模式是体育旅游发展规划的一种基础导向模式，它是以体育旅游资源的评价和开发为主要内容，在开发时从体育旅游资源的赋存状况入手，根据体育旅游资源的空间分布和类型结构的组合情况来确定其开发方式。具体而言，体育旅游资源导向模式具有以下几项特征：

1. 基础性特征

众所周知，旅游资源是旅游业发展的基础性要素，在体育旅游资源导向开发模式中，旅游资源被置于十分重要的位置，旅游规划和开发工作都紧紧围绕旅游资源的分类、评价以及特色分析而展示。这样一种紧紧围绕旅游资源进行的旅游规划和开发模式自然也就体现出较强的基础性特征。

2. 主观性特征

这里所谈到的主观性与一般意义上的不同，并非指在体育旅游发展规划的资源导向模式中人们想当然地进行开发。实际上，该模式的主观性特征是指体育旅游发展规划仅从本地旅游资源的实际情况出发，而不是考虑旅游市场需求以及周边地区的竞争，实行的是从资源到产品的开发路线而非现在的市场产品模式，主观性的主体不是旅游规划工作者，而是旅游地的实际情况。

3. 局限性特征

由于资源导向模式具有主观性的特征，因此，其不可避免地体现出一定的局限性，该局限性主要表现在区域上。即对旅游资源的深入细致研究，会导致旅游规划和开发时以单个旅游资源类型为出发点来强调旅游产品的优化和组合，而忽略区域内各种类型旅游资源的综合开发，以及区域外部的合作开发，缺乏整体综合开发的观念。

（四）资源导向模式的适用范围

虽然体育旅游发展规划的资源导向模式较为初级和简单，但并不能说资源导向模式在体育旅游发展规划实践中的指导意义不大。在现实的体育旅游发展规划工作中，资源导向模式对于旅游规划和开发还是具有一定指导意义的。由于旅游规划的资源导向模式是以分析旅游开发地的资源特色和品质为主，而对市场、政策，开发配套条件等方面考虑相对较少。因此，资源导向模式主要适用于对旅游资源品位高、吸引力较强的传统旅游开发地进行深度开发。这种区域体育旅游资源的品位较高，吸引了众多慕名而来的旅游者，即使没有经过开发，也往往具备较好的区位条件和基础设施条件。对这些旅游地规划与开发的重点就不仅在于体育旅游市场的选择、配套设施的建设以及旅游业人力资源的开发，还在于通过何种方式开发体育旅游资源，使得体育旅游资源所蕴含的价值被最大限度地挖掘出来。

二、市场导向模式

市场导向模式产生于体育旅游发展时期。在市场导向模式时期，旅游活动的开展日益频繁，国内和国际的旅游和交往日益增多，体育旅游作为一种休闲生活方式，已经走入人们的生活当中。市场研究逐渐显示出其重要性，体育旅游开发的市场分析与定位，已成为体育旅游发展规划中必不可少的内容，市场导向成了这个时期规划与开发的重要特征。

（一）市场导向模式关注的焦点

顾名思义，市场导向模式所关注的内容就在于旅游市场，并且整个体育旅游发展规划都要以市场为研究的核心，一切规划都要以市场的需求分析为前提。尽管如此，体育旅游发展规划并非完全一味地只关注市场这一要素，而对其他因素置之不理。实际上，关注市场分析的基础仍然是注意本地的旅游资源赋存状况和特色，其规划与开发是将旅游市场的需求与当地的旅游资源组合相结合，针对市场上各种需求类型，开发出相应的旅游产品，以满足不同旅游消费者的需要，从而获取最大的经济效益、社会效益和环境效益。

（二）市场导向模式的规划思路

以市场导向模式为指导的体育旅游发展规划的思路不是有什么资源便开发什么，而是市场需要什么便开发什么。于是，"客源市场分析"作为一项重要的内容出现在旅游规划的报告中，但是，要真正理解市场导向的含义，则必须在实际的体育旅游发展规划工作中，以市场需求为中心。然而，并非所有的旅游规划都能做到以市场为导向的。目前有些规划往往是以市场导向为标签，在对旅游资源进行评估、分析时，仍然就资源论资源，缺乏对旅游资源的市场价值的评估，而游离于市场需求的边缘，甚至是资源开发与市场分析分离，体育旅游发展规划市场导向名不副实。

所谓的市场导向模式主要体现在通过市场分析为旅游地提供开发方向，让旅游资源的开发与市场需求进行有效的对接。旅游地的规划与开发有了市场需求的引导，则可最大限度地发挥区域规划的综合优势，通过满足旅游消费者的需要而获得最大的经济效益和实现区域旅游的可持续发展。

（三）市场导向模式的特征

1. 敏感性特征

市场导向模式是在对本地旅游资源进行科学认识的基础上，兼顾旅游市场需求的一种体育旅游发展规划模式，旅游市场的变化性决定了该模式不可避免地具有敏感性特征，在旅游市场中变化是常态，多变的市场环境和市场需求决定了不同时期开发出的旅游产品是各异的，为了满足旅游消费者的多变需求，体育旅游发展规划工作者必须对需求的趋势保持敏感、时刻关注。

2. 客观性特征

该模式的客观性特征是和体育旅游发展规划的资源导向模式的主观性特征是相对的。这里的客观性包括两层含义：其一是该模式下的旅游规划和开发工作仍然是在科学评价旅游资源的情况下进行，其二是旅游产品的设计和开发是以客观实际的旅游市场需求为依据。

3. 组合性特征

市场导向模式对市场的强力关注就决定了旅游发展规划工作者眼界比资源导向模式中的更为广阔。市场导向模式下的体育旅游发展规划不仅注重本地各种体育旅游资源的组合开发，对于区域间的经济联动性有一定的思考，规划时能将区域市场中的竞争与合作有机结合，在竞争中求合作，以合作促竞争，在协同发展中实现共赢。

三、形象导向模式

由资源导向、市场导向到形象导向，体育旅游发展规划所包含的内容由简单到复杂，所参考的理论依据由单一到多元，参与规划编制和研究的人员的学科背景同样也呈现出了复合型的趋势。总体来说，形象导向模式是体育旅游发展规划进入更高阶段时才开始出现的一种创新化的开发模式。在这一阶段，大众化旅游的普及度越来越高，可供旅游者选择的旅游目的地数量也在增多，旅游市场上呈现出异常激烈的竞争态势。面对这种状况，人们开始寻求体育旅游发展规划的新模式来推动旅游业的可持续发展。

（一）形象导向模式关注的焦点

形象导向模式是从系统开发的角度，对旅游目的地进行整体的形象策划和旅游业发展规划，它通过对目的地旅游形象的创造与提升，来达到区域内旅游资源的有效整合和可持续开发利用的目的。该模式中关注的焦点问题包括体育旅游地的综合开发，以及旅游地的整体形象塑造与提升。

1.体育旅游地的综合开发

形象导向模式是将体育旅游地作为一个有机的系统来进行形象设计和推广的。系统论认为，系统是由一组相互依存、相互作用和相互转化的客观事物所构成的一定目标和特定功能的整体。实际上，体育旅游就可以被视为一个系统，因为它是游客通过旅游媒介到达旅游目的地的旅游活动系统，其构成要素有：体育旅游活动的主体——体育游客，旅游活动的客体——体育旅游产品，以及为旅游活动提供各种服务的旅游中介组织。那么体育旅游地也就具有了一个完整的系统，即在一定的区域直接参与旅游活动的各个因子相互依托、相互制约形成的一个开放的有机整体。这些因子都是相互影响、相互制约的，旅游地系统中任何一个部分的变化都会导致整个系统的变化。

因此，在体育旅游发展规划时，规划工作者要关注如何将旅游地系统的各个组成部分综合起来共同开发，以实现其协调发展，获得经济、社会和环境效益的目的。一般来说，体育旅游发展规划是将旅游地系统的各个部分按照其内在的功能联系，组合成一个开发的整体，并对该旅游地综合体进行包括市场、资源、产品、形象、营销、环境、人力、资本等内容的全面综合开发，使旅游地的开发和其今后的经营与管理达成一致，并促进旅游地产业结构的调整和升级。这就是旅游开发地今后能够保持持续稳定发展的关键之所在。

2. 体育旅游主题形象塑造与提升

从旅游心理学的角度来看，体育旅游者对旅游目的地的认识首先要通过感觉器官形成一定的初始印象，然后才有可能进一步进行考察和研究，进而选择其作为旅游的目的地。可见，在体育旅游地的发展过程中，体育旅游者对旅游目的地的选择不是受制于客观环境本身，而是由于旅游地给体育旅游者认知形象的影响。因此，体育旅游发展规划中要使旅游开发地取得良好的经济效益，就必须对旅游地的旅游主题形象进行统一的设计策划和传播规划，这是形象导向模式条件下体育旅游发展规划工作中的另一个关注的焦点。

旅游地的形象塑造是一项十分复杂的工作，它包括的内容十分繁杂，从形象塑造的工作程序来看，在进行体育旅游发展规划时，要着重关注以下几方面内容：一是旅游形象的调查，二是旅游地形象的设计和策划，三是旅游地形象的提升。

（二）形象导向模式的规划思路

在旅游地深入开发研究中，系统开发理论和综合开发理论成了指导体育旅游发展规划的重要理念。它要求规划工作者从整体的角度对旅游地进行深入的思考，即对旅游地的资源评价、主题选择、形象塑造、市场定位和营销策划等作为一个有机的系统来进行，使上述部分围绕着一个共同目标而发挥作用。这样的一种体育旅游发展规划的理念必然会使旅游地形成一个完整统一的旅游形象，并通过适当的渠道在旅游市场中传播。鲜明的旅游形象将更能得到人们的关注，这样的旅游地也就能在激烈的市场竞争中占据有利的竞争地位，迅速摆脱低速发展的态势，进入新一轮高速增长的时期。因此，形象导向模式下的体育旅游发展规划思路是以旅游地的综合形象来满足市场需求，走的是"资源—形象—市场"的发展思路。

（三）形象导向模式的特征

1. 系统性特征

形象导向模式的系统化特征主要包括如下两层含义：

（1）把体育旅游地的规划与开发作为一个整体系统来看待。开发的对象不仅集中于旅游资源，而且旅游地的企业和个人也是开发规划的对象。即在体育旅游发展规划时，要对旅游地内为旅游活动提供食、住、行、游、购、娱等服务的旅游企业和部门进行统筹规划，为其发展制定一个中长管理期的规划，同时为了保证旅游系统发展的可持续性，还必须对旅游地的旅游人力资源开发，制定长期规划。可见，旅游地的规划与开发是一个繁杂的系统工程。

（2）旅游地形象的塑造也具有较强的系统性。从形象的塑造上来看，旅游地形象塑造要综合考虑其历史形象、现实形象，以及随着旅游地的发展可能出现的未来形象，并且旅游地主题形象需要一系列的辅助形象和活动予以支持，这些均体现了旅游地形象的塑造是一个系统化的工作。

2. 稳定性特征

体育旅游发展规划对体育旅游地形象的塑造是经过综合考虑，在充分分析了区域内外环境之后进行的，其设计的形象要在规划期内通过适当的手段不断强化，并在今后的一段时期内努力维持并促进形象的提升。在形象导向模式中，旅游规划和开发所制定的体育旅游地形象塑造战略，应该具有相对的稳定性特征。

3. 主题性特征

由于形象导向模式是从旅游地的主题形象塑造入手来进行体育旅游发展规划的，因此主题性特征就成为形象导向模式的重要特征。该特征最为突出的表现就是在塑造旅游地形象时要充分体现该旅游地的主题和特色，并在推广形象时紧紧围绕该主题形象，使体育旅游消费者能切实感受到其鲜明的体育旅游形象。

四、产品导向模式

产品导向模式是体育旅游发展规划演进到成熟发展阶段时出现的一种体育旅游发展规划模式。该阶段体育旅游活动已经成为人们日常生活中的一个重要组成部分，并且成为人们休闲活动的首选方式。与此同时，体育旅游发展规划意识也深入人心。在体育旅游资源丰富的地区，经过体育旅游资源的初步开发，旅游区的建设已初具规模，面临的主要问题是如何提升该区域的旅游竞争力和旅游吸引力的问题。那些旅游资源储存状况不甚理想的地区也出于发展的考虑，立足于制定起点较高的体育旅游发展规划。从体育旅游消费者方面来看，由于体育旅游活动已成为一种大众化的消费行为，体育旅游者对旅游活动的认识和要求都得到了相应的提高，体育旅游消费行为也日趋成熟。人们不再满足于自然旅游资源的初级开发和简单观光式的基础体育旅游产品，他们需要具有一定主题的体育旅游产品和系列化体育旅游活动，希望能通过互动式的相互交流和沟通来深入体验体育旅游活动所带来的乐趣。这是该阶段所表现出来的体育旅游者新的消费需求。在这种背景下，体育旅游发展规划工作开始加强对主题产品和旅游活动项目的设计，促进了产品导向模式的形成和发展。

（一）产品导向模式关注的焦点

产品导向模式是从区域旅游资源状况和开发现状出发，规划出富有本地特色的旅游产品，并引导旅游者进行消费的一种开发模式。该模式与市场导向模式相比更具有主动性，旅游规划工作者将开发规划的主动权掌握在自己手中，通过自己的智力劳动创造出旅游产品，并通过一定的营销策划和市场推广把旅游产品介绍给旅游者。所以，在该模式中，人们关注的焦点主要有三个：

1. 旅游开发地的资源可利用程度

由于产品导向模式是"供给—需求"模式，因而体育旅游产品的开发便成为一个关键的环节。在进行体育旅游产品开发时，就要对体育旅游资源的开发价值和开发条件予以极大的关注。因为开发价值的大小、开发条件的好坏会直接影响旅游产品开发的可行性以及开发旅游产品的类型。在产品导向阶段，旅游产品的开发是具有较大风险的，决策不当就会导致旅游规划不但不能给旅游开发地带来良好的经济效益，反而会使旅游地陷入进退两难的尴尬境地。

2. 对开发出的体育旅游产品进行市场推广

策划和营销规划，是将产品推向旅游市场的另一个关键性环节。在产品导向模式下，要有充足的实力将旅游产品推向市场，让消费者对旅游产品有所感知并选择它。如何针对目标市场中的消费者选择适当的营销手段、营销工具进行市场开发和推广是关系到体育旅游发展规划成败的关键，是产品导向模式中最为关注的焦点之一。

3. 任何旅游地进行规划与开发都是要获得经济、社会和环境效益

在以旅游产品为导向的开发模式下，对体育旅游项目的投资可行性分析是任何一个旅游投资商都会看重的，所以，在产品导向的体育旅游发展规划中，旅游产品的投资可行性分析是必不可少的重要内容。

（二）产品导向模式的规划思路

体育旅游发展规划从单纯关注体育旅游资源的分析与评价，转向对旅游市场的需求重视，进而又转向将旅游产品作为体育旅游发展规划的关注点。特别是人工创造的旅游景点开发所获得的良好经济效益，体育旅游发展规划者和旅游投资商意识到，那些并不具备传统的自然旅游资源与人文旅游资源优势的地区，通过精心地策划和开发适销对路的旅游产品，可以获得从无到有的旅游收益，也可以发展成为旅游城市或旅游目的地，这个时期的体育旅游发展规划，偏重旅游项目和产品的创意设计，其规划思路就是走"市场—资源"相结合的规划道路。

（三）产品导向模式的特征

1. 综合性特征

旅游地的开发需要体育旅游发展规划工作者策划出独具吸引力的旅游产品，而旅游产品的开发是一项综合性极强的工作。从旅游者的需求角度来看，旅游消费者对于旅游的经历有各种不同的需求，这就决定了旅游产品的开发在横向和纵向上要有层次。例如，在横向上，体育旅游发展规划工作者要尽量策划出类型丰富的旅游项目和节庆活动；在纵向上，规划者要注重不同层次旅游项目和活动的有机组合。从旅游产品的供给角度来看，旅游地在进行开发时会推出主导型的旅游产品、辅助型的旅游产品以及支撑型的旅游产品。因此，体育旅游发展规划的产品导向模式体现出了较强的综合性特征。

2. 创新性特征

该模式是立足于本地资源的实际来开发旅游产品，那么在设计产品时必定要与其他旅游地的旅游产品形成差异。如果每个旅游地开发出的都是同质旅游产品，

则这些同质产品在同一市场上的认可度一定不高。因为旅游者追求的是旅游产品的个性化，所以旅游规划工作者在对旅游地进行综合规划开发时必须注重创新性，不断推出差异性的旅游产品，展现旅游开发地所独有的个性特征。

3. 经济性特征

由于产品导向模式是与具体的旅游产品或项目相关联的，因此，必然会具有较其他规划导向模式更明显的经济性。该经济性主要是通过对旅游项目的投资分析来体现的。在具体的规划文本中，包括各个具体旅游项目的投资年限、回收期、建设规模、预期收益等经济指标，并且会附带有旅游项目的投资可行性分析报告。

4. 动态性特征

由于产品导向模式是通过策划体育旅游项目和体育旅游活动来达到吸引体育旅游者的目的，因此，体育旅游规划和开发工作者在进行体育旅游项目和活动设计活动，创意要富有前瞻性，产品形式要不断变化，从而体现出体育旅游产品日新月异的特点，达到创造旅游需求和吸引体育旅游消费者的目的。

通过上述四种体育旅游发展规划模式的分析和评价，应该对其内容有了一个比较清楚的了解。总体来说，资源导向模式、市场导向模式、形象导向模式以及产品导向模式是体育旅游发展规划的发展过程中不断产生的新的规划理念，它们是逐步演进并不断发展和成熟的。

第五章　数字经济驱动的体育旅游产业的构成及影响

本章为数字经济驱动的体育旅游产业的构成及影响，共分为四节，分别是数字经济驱动的体育旅游产业的要素，数字经济驱动体育产业高质量发展的作用，数字经济驱动体育产业高质量发展的机理，数字经济驱动体育产业高质量发展的价值。

第一节　数字经济驱动的体育旅游产业的要素

明确体育旅游产业竞争力的构成因素，以及这些因素对体育旅游产业竞争力的作用机理。在借鉴波特对产业竞争力构成因素分析的基础上，研究认为体育旅游产业竞争力主要由生产要素、市场需求、关联产业、企业竞争和政府行为五方面构成。

生产要素是指一个国家在特定产业竞争中有关生产方面的基本物质条件和要素投入，它对产业竞争力的发展起基础作用。在综合考虑波特对生产要素的分析以及旅游业生产要素的构成基础上，本书将影响体育旅游产业竞争力的生产要素归纳为体育旅游资源、人力资源和基础设施三个方面。

一、体育旅游资源对体育旅游产业竞争力的影响机理

资源是产业发展的物质基础，一个国家或地区拥有的资源的数量和质量是产业竞争力的重要来源。体育旅游资源是指在自然界或人类社会中，经科学合理地开发，能对体育旅游者产生吸引力，并能进行体育旅游活动，为旅游业所利用且能产生社会、经济、生态效益的各种事物与因素的总和，是旅游资源和体育资源有机的完美组合。体育旅游资源是体育旅游产业赖以生存和发展的基础因素，是诱发旅游者产生体育旅游需求的要素之一，是一个国家或地区参与体育旅游竞争的前提条件。

体育旅游资源对体育旅游产业竞争力的影响机理表现在以下两个方面：

第一，体育旅游资源影响体育旅游目的地参与竞争的条件。体育旅游资源为一个国家或地区参与体育旅游产业竞争提供了条件和机会。当一个国家或地区缺乏某一类体育旅游资源或拥有的体育旅游资源存量太少，该国家或地区将没有机会参与由该体育旅游资源形成的体育旅游细分市场的竞争。

第二，体育旅游资源提高体育旅游目的地参与市场竞争的比较优势。一方面是指在资金和劳动力资源不足的情况下，体育旅游目的地拥有的体育旅游资源的存量越大，则生产出更多体育旅游产品的机会也越大，所获得的市场收益也会越多，其竞争力也就越强。另一方面体现在体育旅游资源品位所带来的比

较优势。体育旅游资源品位是指反映体育旅游自然资源和人文资源的质量和价值，包括美学价值、观赏价值、科学价值以及稀有程度。体育旅游资源品位越高，其价值越大，对游客的吸引力越强，由此获得的收益也就越大，体育旅游目的地也就越具有竞争力。

二、人力资源对体育旅游产业竞争力的影响机理

"人力资源是一切生产资源中最重要的因素"。从研发、生产、销售到管理，人力资源对产业竞争力的影响无处不在。在 IMD 每年进行的国际竞争力评价中，作为竞争力评价八要素之一的"国民素质"，其核心内容就是人力资源。我们对 47 个国家的实证结果表明，国民素质与国际竞争力的排名具有高度相关性。

体育旅游产业是一个接触频率高、参与度强的产业，同时，它又是体育产业与旅游产业交叉、融合的产业。体育旅游人力资源对体育旅游产业竞争力的影响机理表现在以下两方面：第一，人力资源数量的增加能够提高体育旅游目的地的体育旅游产品的产出水平。人力资源作为体育旅游产品的一个生产要素，在其他生产要素充足时，人力资源数量越多，同等生产技术条件下，产出的体育旅游产品数量也就越多。第二，人力资源素质的高低对体育旅游产业技术、生产和销售等各个环节产生影响，从而影响其竞争力。人力资源素质指"国家或地区拥有劳动能力的人口的身体素质、文化素质、思想道德以及专业劳动技能等统一能力的综合表现"。在知识经济时代，人力资源素质在产业中的地位越来越凸显。体育旅游产业技术优势来自员工在知识和技术上的不断创新，生产和销售优势取决于高素质的人力资源队伍。也就是说，体育旅游产业的人力资源素质越高，其竞争力也相应较强。总之，体育旅游产业拥有的高素质的人力资源数量越多，该产业的竞争优势就越显著。

三、基础设施对体育旅游产业竞争力的影响机理

基础设施是社会赖以生存发展的一般物质条件。任何一个产业的发展都

离不开基础设施作为前提条件，体育旅游产业竞争力的提升也需要有与之配套的完善的基础设施作为保障。旅游基础设施是指为适应旅游者在旅行游览中的需要而建设的各项物质设施的总称，是发展旅游业不可缺少的物质基础，主要包括旅游饭店（宾馆）、旅游交通以及各种文化娱乐、体育、疗养等物资设备。按照这一定义，体育旅游基础设施就是指为游客提供体育旅游服务的各种设施的总称，包括交通运输、邮电通信、医疗救护设施等，另外还包括与体育旅游紧密相关的食宿接待、旅游购物、文化娱乐以及游玩娱乐等接待设施。

体育旅游基础设施对体育旅游产业竞争力的影响机理体现在以下两方面：

第一，基础设施建设的完善与否直接关系着一个国家或地区体育旅游目的地的可进入性，继而影响到目的地接待游客的数量，从而直接影响一个国家或地区体育旅游产业竞争力的强弱。可进入性好的地方，其游客数量相对较多，反之，游客的接待数量相对较少，如边疆民族地区，尽管本地区拥有丰富的体育旅游资源，由于可进入性差，致使体育旅游资源不能转化为成熟的体育旅游产业提供给消费者，从而影响了当地体育旅游产业的发展。

第二，基础设施通过改善目的地形象从而提升体育旅游产业竞争力。良好的目的地形象是提升产业竞争力的一个重要因素。基础设施建设可以使目的地的环境、交通、形象等得到较大改善，从而使游客对目的地形成安全、卫生、舒适、便利的良好形象。

综上，由体育旅游资源、人力资源和基础设施构成的体育旅游生产要素是体育旅游产业发展的基础，对体育旅游产业竞争力的形成具有基础作用，体育旅游资源从创造参与竞争条件以及提高竞争的比较优势方面影响体育旅游产业竞争力；人力资源从政策和素质两方面影响体育旅游产业竞争力；基础设施则通过改善体育旅游目的地的可进入性和目的地形象对体育旅游产业竞争力产生影响。它们对体育旅游产业竞争力的影响机理如图 5-1-1 所示。

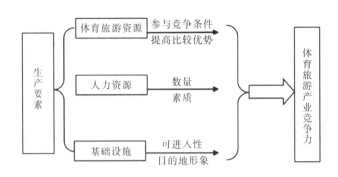

图 5-1-1　生产要素对体育旅游产业的影响机理

第二节　数字经济驱动体育产业高质量发展的作用

一、数字经济驱动体育产业高质量发展的内在机理

（一）提高体育资源准确配置效率

数字经济能够运用数据时空的特点，对大量的数据进行智能化以及自动化挖掘，以此来探索其隐藏的逻辑和规律。数字经济能运用数据量化以及相互联系的思维模式，来促进体育资源的有效分配，进而有效对体育产业发展规律进行掌握和了解，提升生产要素的流动性，促进体育产业整体发展质量的提高。在体育消费的过程中，采用数字经济和体育商品之间的有效互动，对广大消费者的消费模式、行为以及层次产生了深刻影响，让体育消费信息在搜索过程中的智能性更强，从而在提高体育产业生产要素配置效果的基础上，进行精准化的生产决策，助推体育产业供给侧以及需求侧变革。

（二）提高体育资源使用效率

数字经济利用数字化和智能化模式节约了体育产业振兴发展过程中的成本。采用大数据获得、收集方法，可以对用户体育消费需求有更加便捷的掌握，对体育产业市场发展动态有足够的认知，促进体育产业总体生产效率不断提高。加强数字技术和行为科学的有效结合，对新的市场展开挖掘，推动体育产业发展变革速度，从原本的供给侧结构性改革向着需求侧变革迈进，有效提高体育产业的监管能力，使体育决策得到科学性的提高。另外，还可以加快与其他产业融合的速度，尤其是制造行业以及金融行业的有机结合，将有助于推进体育产业的有效发展和进步，进而促使产业效益不断提升，为产业的高质量发展提供助力。

（三）促进体育产业赋能创新

人工智能等新兴技术的不断发展，为体育产业的快速发展提供了便利。通过相关技术的应用能够为体育产业发展制定智能化方案，助推体育产业商品还有行业形态与模式的有效创新，提升体育产业供给和需求改革效果，增强地方体育产业资源配置创新发展成果，带领体育产业打破全要素生产效率障碍，激发体育产业更多潜能。在高质量发展体育产业的过程中，可以优化发展内容，其中主要是指较高的水平要素、良好的产业结构、优质的商品服务以及高效益的发展。体育产业从基础设施到发展动能的所有过程都有相应的数字经济支持。在数字经济驱动过程中，逐渐实现平台化、智能化、服务化以及去中心化的产业发展，为体育产业提供新的发展核心和动力。

（四）推进体育产业价值重构

数字经济通过自身价值在实际创造中的重新排列组合来帮助体育产业实现数字化转型，这相比传统体育产业来说是一种创新性的突破与改变。每次创新和改变的过程都是对体育要素市场以及交易准则的变革与重造，旨在推动体育产业链数字化发展，构建与体育产业发展互相融合的生产机制。数字经济之所以具有较大的推动作用和价值，在于其能够革新传统体育产业发展中的不良现象，通过良好信息关系转变奠定体育产业资源分配基础。从市场化发展的角度来讲，"数字经济"是推动体育产业价值重塑的关键动力。

可以通过收集体育市场数据的形式，明确体育产业的市场诉求，确定体育产业的发展方向及价值取向，进而优化体育产业的产业结构、挖掘体育产业发展潜能，推动体育产业的高质量发展。

二、数字经济驱动体育产业高质量发展的有效路径

（一）加强顶层设计与合作治理，创造良好的体制环境

其一，相关政府机构坚持因地制宜实事求是的指导方针，构建与其相符且兼具实用性与专业性的具体政策条例和方案，确立体育产业数字化发展的战略布局、核心任务、预期目标和详细的实施流程。与此同时，还要加强政策的关联性与连贯性，结合体育产业地区发展水平科学合理地制定出符合当地实际情况、体现地方优势的数字化产业发展方案。其二，要制定完善的财政税收政策，加强对体育数字化产业的资金投入，提高税收减免、专门项目补贴及退税等多项优惠政策的供给能力，减少中小型企业产业支持的行政审批环节。其三，要继续强化体育产业有关的法律制定工作，构建数字化体育产业发展的针对性法律规定、行政条例和监管办法，对数字化技术的非法转让、平台垄断以及数字产权盗取抄袭等行为进行惩罚，并对网络安全、信息交易等各个方面的市场风险行为加强防范，适当加大处罚力度。

（二）增加科技投入与人才培育，提供发展的要素保障

首先，体育产业应加强自主创新能力，对数字技术研发要追加投资，尽量在核心技术领域获得突破，减少对外部技术的依赖，突出科技成果的实践运用转化，将数字化技术要素转换成重要的生产力。比如位于安徽省合肥市创新创业园区内的体育智谷，这是安徽省第一家成立并专注于体育创新项目的孵化器平台，它通过"上云赋智"模式为广大用户提供项目建成的技术。其次，体育产业要始终坚持走"外部引入＋内部自主创新"的发展路线，构建地区性数字化产业的研究与开发、咨询、监管及运营中心，为众多中小型数字化公司提供可参考的经验。比如清华大学无锡技术运用研究机构，在 2021 年与北京中体联合数据科技有限公司共同创建的数字体育研究中心，就是为了促进新型体育基础设施建设的探索和实践。最后，体育产业要积极开展多方合作，不断探索集生产、学习、科学研究、实践应用、人才服务在内的数字化专业人才培育及输送的创新体系，积极汲取来自不同行业的数字化人才并加快专家咨询体系建设，成立可以提供数字化产业重

大决策建议的体育智库。比如由北京华奥星空科技有限公司承办的中国体育数字化发展高峰论坛，就是为了推动数字化体育专业人才的交流与协作。

（三）注重主体建设与风险把控，提高发展的竞争优势

其一，要积极鼓励体育科技公司的地区性布局，最大限度地发挥京津冀、长三角以及粤港澳大湾区等区域性体育数字化产业的先进技术优势，以大规模数字化体育公司为节点，促进中小型体育制造企业主动参与数字化衔接，逐渐构成数字化产业链。比如上海的每步科技有限公司，就依托"体育科技 + 数字化产业"，通过云储存技术为体育制造行业制订了科学的数字智能化技术服务计划。其二，体育服务公司要努力增加体育商品服务的价值，积极开发包括人机交互、网络虚拟体验以及自助式服务的现代化商业模式，以便开拓新兴市场。比如乐刻健身推出的"O2O"运动服务。体育制造生产企业还要引进智能化仓库储存管理系统以及数据物理系统，借此来促进智能工厂、仓库储存建设，加快数字化产业基础设施建设。其三，体育产业要健全数字化产业商业保险与风投机制，正确引导风险投资机构的长期投资，充分发挥资本市场的作用，此外，还要构建体育公司数字化转型的风险评估机制以及公司破产保护机制，尽可能降低退出市场的损失，最大化地保障公司合法权益。

（四）强调品牌推广与市场宣传，扩大产业的消费市场

首先，要以体育龙头公司为中心，提高体育数字化商品及服务的整体质量，以保持优质精品的市场存量，并以中小型公司为重要主体，向市场投入一批大众化、极具性价比且普惠化的体育数字化商品，以此来拓展供给量，从而在供给侧形成数字化体育市场。其次，体育产业为实施乡村振兴战略提供帮助，促进数字化绿色产业链向中西部资源丰富、交通便利的乡镇地区移动，以产业兴盛为根基来带动其他地区的经济发展和市场就业，为当地群众参加数字化体育消费打下坚实的物质基础，以此来加快体育数字化市场的稳定发展。最后，要促进当前市场中体育数字化商品的多样性、特色化、高端化的供给，防止低端商品因价格的不良竞争造成浪费资源，通过提高公司商品质量来打造良好的品牌口碑营销模式，

真正实现利润的稳步增长，切实提高体育数字化商品服务质量，从根本上增强消费者对品牌的长期满意度和忠诚度。此外，体育公司还要努力促进商品营销信息、消费者反馈数据的系统化以及可视化，对网络体育商品及服务质量问题第一时间作出反应，由此来构成智能化的产品售后服务制度。

总之，加强体育产业与数字经济的有机结合，利用结构优化、人才培养、研究成果转化和产业融合等有效途径来实现体育产业的高质量发展。当前，我国体育产业在发展过程中，数字经济转型还有待进一步深入，需要政府部门、体育企业及社会等多个主体的共同配合与协作，才能真正建成体育强国，才能从根本上实现体育产业的高质量发展。

第三节　数字经济驱动体育产业高质量发展的机理

数字经济驱动体育产业的高质量发展，不仅在于数字经济可以利用自身的技术优势推动体育产品服务提质增效，还在于数字经济可以助推体育产业结构优化，并拓展体育产业的发展空间。数字经济可以通过技术创新效应为体育产品服务创新提供动力支持。随着社会经济的不断发展，人们的体育需求呈现出多样化、个性化的趋势，已经从参与型消费向享受型、发展型消费转变，不再满足于单一的产品服务功能和形式，要求体育产品的功能形态更加丰富多样，体育服务的性能更加智能高效。人工智能、云计算、大数据等先进技术的发展与应用，有助于体育企业更好地感知市场需求，对自身的体育产品与服务进行持续创新，为消费者提供多样的产品功能形态，改善供需不匹配、生产低效等问题，向体育市场提供高质量的产品与服务，充分满足消费者的差异性和个性化需求。比如，围绕消费者偏好的大数据分析可以用于挖掘潜在的消费者群体，对现有消费者群体进行细化分类，推动体育供给市场的创新，更好地满足消费端需求。以体育健身服务为例，从提供基本的健身器材与健身指导意见，逐渐发展为智能化的软硬件设施与配套服务，可以利用可穿戴设备获取消费者的身体数据，为其提供相匹配的个性化运动计划和完善的服务体系，使体育产品服务的科技感、智能化程度大幅度提升。

一、数字经济助推产业结构优化

数据是土地、劳动力、资本等生产要素外的第四生产要素，和传统生产要素相比数据具有可复制性和投入边际成本递减的特点。体育产业结构体现为产业内部不同部分的技术经济联系与比例关系，产业结构优化的重点在于推动体育产业结构向高水平状态发展，加强产业内部的关联水平与协调能力。数字经济强调数据的公开共享，可以通过数据的反复加工利用，改变其他生产要素的固有形态，打破体育产业供求双方的信息不对称状况，推动社会闲散资金的高效利用，使体育产业内部的场馆管理、产品生产、赛事版权、体育培训等链条紧密联系起来，促进体育资源的合理配置和优化利用，从而对体育产业结构与地区经济结构产生正向的影响。比如，健身器材企业可推出智慧健身平台，将运动设备与移动客户端相结合形成智慧健康管理服务系统，改善消费者的用户体验，拓展健身器材企业的增值服务，推动体育产业中传统企业升级换代。

二、数字经济扩大产业发展空间

随着互联网、大数据等数字化技术和智能手机等硬件设备的不断发展与普及应用，数字经济已经深入现代人类社会的方方面面，在人们的生活和工作中扮演着越来越重要的角色。在这样的环境下，体育产业不仅迎来了全面的升级，体育消费空间也日益扩大。比如，受益于普及的智能手机和健身 App，居家锻炼已成为热门趋势，瑜伽垫、跑步机等运动器材的销量逐年上升，智能魔镜等智能化健身器材不断涌现。又如，随着大数据等数字化技术的深入运用，体育赛事表演等产业链条越来越倚重网络，体育企业线上经营办公与服务能力快速提升，体育产业的空间不断延伸，"互联网＋体育"正成为体育产业发展的重要方向。在数字时代，人们获取信息数据的成本越来越低，任何企业和消费者都能共享数字的技术红利，不仅体育企业依托数字经济进行转型升级，也有越来越多的普通消费者通过技术渠道表达多样性诉求，逐渐成为体育产业的内容制造者，使广大受众可以共享优质体育服务，极大地拓展了体育产业的发展空间和消费潜力。

三、数字经济推动体育产业数字化转型

体育产业是朝阳产业、幸福产业，繁荣的体育产业对于全面建成社会主义现代化强国十分重要。体育产业必须致力于高质量发展，形成国内大规模市场优势，再以此吸引全球体育资源要素向国内集聚，打造国际合作和竞争优势。这一过程中，数字经济起到至关重要的驱动作用，通过体育制造业、竞赛表演业、场馆服务业等体育产业的数字化转型，赋能体育产业的高质量发展。

（一）数字经济推动体育制造业的数字化转型

体育制造业与数字信息技术的融合发展是体育产业高质量发展的重要表现形式，数字技术改变了体育产品的生产方式，构建了以需求为导向的智能制造新模式，赋能体育产品由"硬产品"向"软服务"延伸。数字技术赋能体育生产工具迭代升级，实现体育产品与人、数据的智能互联。比如，依托传感技术、导航技术等数字技术的可穿戴运动装备，为消费者提供硬件＋软件＋服务的完善功能。

数字经济推动竞赛表演业的数字化转型。依托 5G 技术和 AR 等技术措施，竞赛表演业可以实现高质量的网络赛事直播，解决传统赛事直播中信号不稳定、视频不清晰、语音不同步等问题，为用户提供更加优质、便捷的赛事观赏体验。同时，体育虚拟世界也借助数字技术与现实世界不断融合，使体育竞赛表演业可以推出各种电竞赛事活动，丰富体育赛事的内容范畴。

（二）数字经济推动场馆服务业的数字化转型

依托于数字技术的融合运用，体育场馆得以实现智能化改造升级，打造综合性的数字体育服务体系。体育场馆的信息化、智能化建设可以实现"万物互联"，借助信息化管理系统将场馆售票、灯光、闸机等相关部分进行一体化连接，提高体育场馆的智能化管理水平。同时，可以借助网络软件拓展场馆服务范围，为用户提供在线预约、票务、培训、社交等服务功能，扩大体育场馆的影响力。

（三）数字经济推动教育培训业的数字化转型

体育运动类的教育培训企业现下正迎来新的发展机遇，教育培训机构可以不受时空限制为用户提供个性化、可重复的服务。比如，将专业化培训视频分享到

各个网络平台，开发本公司的体育课程软件实现招生、教学、营销等一体化管理，依托大数据管理系统为线下培训机构提供优质信息资源。体育教育培训业的数字化转型可以实现线上和线下的无缝衔接，提高机构的组织运营效率，并满足不同受众的个性化需求，降低用户的时间和经济成本，对于挖掘体育消费潜力、扩大体育产业发展空间具有积极意义。

（四）数字经济推动健身休闲业的数字化转型

在全民健身国家战略的推动下，体育健身、体育旅游等相关领域迎来了新一轮发展高潮，体育健身服务依托智能手机、健身 App 和可穿戴设备等改变了人们的健身休闲方式，登山、漂流、滑雪等户外体育活动也得到了很好的推广宣传，受到了游客的热烈欢迎，并形成了体育旅游和赛事表演等协同融合发展的有利局面。

第四节　数字经济驱动体育产业高质量发展的价值

一、在宏观层面，提高政府管理和治理效率

一方面，数字经济能够完善政府计划与体育市场的融合机制。体育产业数字化转型过程中，数据这一新的生产要素具备渗透性、虚拟替代性、动态精准性、共享低成本性、自组织性等特征，提高了政府管理和治理效率，促进了体育产业资源与各生产要素间的协作化开发，通过协调政府计划与体育市场，提高了数据资源配置效率。"数据为王"的新趋势促使政府作出更加科学的规划，在政府引导下搭建更多的数字化网络平台，吸纳和承载体育消费者，提供多元化的线上体育服务和产品，进一步释放了数据资产的价值。政府通过数据这一新要素来激活闲置生产要素，数字化合作与信息共享提高了政府的治理能力，减少体育企业在发展中所面临的信息错配问题。如浙江体育局在"数字中国"和"科技强国"战略目标下，出台了《体育数字化转型建设方案（2023 年）》，全力推动体育产业数字化和智能化转型升级，建立体育数据归集共享管理平台和公共服务平台，提高了政府管理效率。

另一方面，数字经济能够提高政府对体育产业供需体系的治理效能。数字经济时代，数据资源上升为生产资料，政府通过互联网平台与强大的数据支撑来进行宏观调控，通过搜集与分析海量数据对资源进行合理配置，在产业之间、经营主体之间、供需之间进一步实现精准对接。政府以数字化思维与科学的决策手段，评估和保护体育产业中的知识产权，推动体育产业供给侧结构性改革和加强需求侧管理，打通体育产业高质量发展进程中的堵点，重塑跨产业、跨部门的数据治理框架，通过治理效能的提升带动体育商品供给与市场需求适配性的提高。

二、在中观层面，促进体育产业全方位改造与精细化运作

一方面，数字经济赋能体育产业可以对产业进行全方位的改造，提高体育服务与产品的供给质量和创新效率。纯粹的技术革新并不符合体育产业对于转型升级的全局性战略需求，将数据要素与数字思维同时投入技术手段、管理方式、发展规划等多个维度，是提高体育产品供给数量和创新效率的重要体现。创新驱动是战略导向，也是引领体育产业发展的第一动力，大数据、区块链、人工智能等数字技术与体育产业融合，扩大了体育产业新模式、新业态的应用范围。我国线上体育服务与体育消费活动日益频繁，数字经济赋能体育产业主体数字经济思维，利用数据、知识、信息等新生产要素与体育产业进行深度融合，以数据流优化资源的合理配置，不断提高管理创新、制度创新、流程创新的效率。

另一方面，数字经济赋能体育产业可有效促进产业内部实现精细化运作，加速建立数字化的体育产业体系。通过数字经济赋能体育产业，各个细分领域的数字场景应用快速发展，推动人才、产品、服务等关键资源深度整合，创新赛事转播方式、商业运营模式、产品供给形式等，提高产业内部管理精细化程度，催生出体育智能制造新模式，如个性化定制、体育新零售等。当前，需要数字化赋能与其他产业进行跨界融合，形成高端化、数字化的体育产业体系。如福建晋江市出台政策，推动集团与百度的强强联合并成立"大数据创新实验室"、安踏与乐视体育运用移动互联网技术构建智能运动生态系统等，通过数字经济赋能来实现体育用品制造业的跨界融合。

三、在微观层面，提升体育企业的竞争意识与场景搭建能力

一方面，数字经济赋能体育企业，通过数字化转型可以充分增强体育企业的竞争意识。传统的生产导向型盈利模式已不再适应时代需求，数字经济中的大数据、区块链等技术在成为关键生产要素的过程中不断重塑体育产业组织架构、管理模式与消费者价值，随着个性化营销热潮和以用户需求为导向的产业生态系统的形成进一步激发了企业的竞争意识，重构体育企业竞争模式。通过智能制造降低生产成本、缩短开发周期，促使数字技术在体育产业链上形成标准化"流通媒介"，形成体育产业内部生产商应用集成平台与消费者主导的横向集成环境。

另一方面，数字经济赋能体育企业，通过数字化转型为体育企业搭建多样化的营销场景。步入数字经济时代，体育用品线上销售、直播赛事等体育营销模式成为体育产业线上发展的主要场景，通过数字技术在场景中的渗透，增强了品牌认同度，满足体育消费者的个性化需求。如安踏体育用品公司深耕"价值零售"，采用线上线下融合模式，通过对智慧门店的大数据进行分析，了解体育消费者习惯模式，提升终端的业绩与服务，实现大数据与传统体育制造业的深度融合，催生了新型生产性服务业。同时，移动互联网、大数据等催生出新产品、新业态和新市场，逐渐形成线下体验、线上订购、线下提货、无人化管理等体育新零售模式，为消费者带来了更丰富的体验。数据要素强化了体育企业的资源统合能力，在产品场景、销售场景和消费场景中，通过科技将体育企业的本质和品牌理念以数据化、智能化手段传达给公众。

（一）数字市场强化价值融入，提高体育产业的抗风险能力

第一，增强消费者与体育产业生产主体之间的连接与互动，推动体育产业实现价值创造。政府计划与体育市场的融合机制强化了数据价值的市场渗透性，管理效率和治理效能的提升，推动体育市场主体利用数字技术将用户需求转化为订单，将需求信息与数据转化为生产指令，有效利用数据溯源、追踪功能形成反馈机制，提升体育产品生产过程的精准性与时效性，在供需体系不断优化的过程中实现生产与消费的动态平衡。同时，经营者通过多元化的用户需求与商业场景不断延伸线上销售通路，推动生产方式、购买方式以及营销方式的全面变革，形成

体育产业有机循环生产链，并向市场外部不断延伸。

第二，构建开放共享型体育产业体系，增强体育市场的网络效应。政府宏观引导及治理效能的提升为"互联网体育"模式，搭建了一个互联互通的网络结构，为体育产业各要素的创造、转移和应用提供更为便利的条件。互联网大数据平台在以云服务、软件、智能控制、工业服务等方面共享为中心的前提下，为用户提供全方位的生产技术服务，并且能够为体育企业提供相关服务，通过开放自身优势资源，打造面向体育企业内部以及体育产业的创新创业生态系统。数字经济赋能体育产业将推动发展方式向以质量效益和创新要素为主的转变，促使大数据与共享经济相结合的新型体育商业模式迭代而生。

（二）数字技术增添新生要素，提高体育产业运作效率

第一，激活数据要素生产价值，助力体育产业价值创造。自 2020 年 4 月 9 日国务院发布《关于构建更加完善的要素市场化配置体制机制的意见》文件以来，数据作为一种新的生产要素被首次写入正式中央文件。这一文件标志着我国正式进入"数字经济"红利大规模释放的时代，对于数据要素融入体育产业生产过程进行价值创造最终实现数字化转型具有重要意义。如网络建设中的增强移动宽带、海量物联网通信、超高可靠性与超低延时业务等技术应用于体育赛事直播，通过集成大数据、数据湖、人工智能等技术赋能智能化体育场馆信息化管理与运营。

第二，突出数据资源的要素地位，改善体育产业传统生产要素投入。在数字经济赋能下，以数字化知识、信息、大数据等为生产要素，以数字化技术创新发展为驱动力，以现代互联网为依托，以云计算、大数据挖掘、精准服务、生物技术为手段，全面融入体育产业的发展过程，通过资源共享和协同服务来提升生产效率和用户体验感，促使体育产业在新时代下的发展不再单纯依赖于土地等传统要素，而是在生产智能化、管理现代化趋势下实现生产力驱动型、高质量型的发展。

第三，释放数字技术的驱动作用，提高体育产业资源要素配置效率。伴随着区块链、大数据、物联网、人工智能等数字技术的广泛应用，以创新驱动为引领的产业数字化成为体育产业高质量发展的必要环节，通过体育产业全方位、全角度、全链条的数字化改造，打通体育产业创新要素流动渠道，优化体育产业资源配置效率，加速体育产业从价值链的中低端向中高端上升。通过"上云用数赋智"行动打破线下产业与产业之间、人与人之间、人与物之间行动多节点、低效率的平面连接，采集体育产业业务流程和运营流程产生的海量数据，利用云端的智能化算法对线下资源与场景进行模拟，生成反向控制线下要素的指令，并使其进行重新组合，实现资源与要素的智能化感知、协作化开发、集约化整合和高效化利用。

（三）数字转型推动企业跨界合作，加快体育企业转型升级

第一，"数实共生"打造平台新基础，开启体育企业发展新模式。在数字化转型的推动下，体育企业聚合数字技术广泛连接生态参与者，通过体育信息化、体育数据共享为手段推动企业数字化升级，促使不同企业通过数据网络产生关联，构建更为丰富的生态创新空间与智慧网络，其管理方式也更加动态与精细。如上海嘉定社区运动公园、南京万德"全人群智慧体育公园"、"西安体育大管家"等智慧平台通过"数字体育"实现跨界融合与存量盘活，以平台思维构建支撑业务优化的数据链路闭环，打造体育健身新载体。

第二，完善体育企业内部组织模式，合理调整体育企业结构。数字经济所具有的覆盖面广、渗透性强、带动作用显著的优势更为突出，在推动体育产业供给侧结构性改革、培育发展体育企业新动能、构筑体育市场竞争新优势等方面具有重要作用。数字经济作用于体育产业能够发挥消费结构升级引领作用，重点推动以体育消费为主导的产业结构，推动体育制造业智能化和服务化，促进体育制造业与生产性服务业融合，释放服务型消费的动力源。通过智能制造的新思维、新模式提升体育企业的竞争意识与场景搭建能力，加快运动健康类、高端智能类等体育用品与装备制造业的发展，拓宽体育企业产品网络销售渠道。

第三，加速体育企业产品与业务形态更新迭代，提升企业内部协调与配合度。"数字经济体育产业"的融合发展将产生完全融合与部分融合两种形态，前者可以通过融合产出全新的产业或产品，从而导致原本的体育产品和业务完全消失，后者则是通过融合产生的新产业或产品只是部分替代原有产业或产品市场需求，

形成替代与互补的关系。数字经济与体育产业在融合的过程中产生的通用资源可以节约动态和静态成本，促进资源的投入产出效率，通过数字技术的持续扩散搭建体育企业关联平台，提高企业的技术水平和管理能力，强化企业之间的协调度与配合度，缓解企业间要素生产效率不均衡的问题。

第六章 数字经济驱动的休闲中的体育旅游

本章为数字经济驱动的休闲中的体育旅游，共分为三节，分别是数字经济驱动的休闲中体育与旅游的结合，数字经济驱动的国外体育旅游的发展，数字经济驱动的我国的体育旅游。

第一节　数字经济驱动的休闲中体育与旅游的结合

随着时代的发展，传统旅游的功能已难适应人们的需要。因此，应赋予旅游以更多的内涵。提出休闲旅游，更多的是强调一种个体与群体间的文化氛围、文化经历、文化体验、文化传播、文化欣赏，不仅能满足人的感官需要，更能满足人的心理需求和精神需求。随着经济的发展，选择旅游作为一种休闲方式已成为比较普遍的行为方式，而关键的问题是，如何提高人的文化素养、审美情趣、感受能力和鉴赏眼光，让出门旅游成为人们感受文明、融入自然、理解文化、陶冶性情的一种综合的休闲方式，将休闲旅游变成社会文明的一种动力已成为时代的需要。

我国休闲学家马惠娣在《休闲：一个新的社会文化现象》一文中谈及休闲研究中的三个重要概念——"玩、游玩、运动"，并认为三者关系十分密切，往往是你中有我，我中有你。目前对休闲、旅游（包括体育旅游）和健身等领域的专门研究已有许多，但在三者的结合、它们之间的联系与关系，以及其相互影响和相互作用方面的研究，特别是休闲与体育旅游互动关系方面的研究仍不多见。对于人们良性休闲生活方式的形成与体育旅游发展的联系与关系、体育旅游能在社会休闲中扮演什么角色，以及体育旅游对和谐社会的发展起到什么作用等问题，还需要做进一步的深入探讨。

尽管大家对"休闲""体育""旅游"等词都十分熟悉，但将它们组合在一起进行专门研究，在国内还是近几年的事。体育旅游是以休闲为主要目的旅游，虽然其中有追求冒险刺激和向人体极限挑战的部分，但它与休闲旅游一样，尊重旅游者的身心享受，更强调人们在参与时与自然和文化融为一体的状态。一方面，它通过人的行为、思想、感情，在人与自然亲密接触的感受中构筑文化意境，从而达到个体身心和意志的和谐、全面和完整的发展；另一方面，人们通过身体紧张与放松、竞技活动和接触大自然等方式，丰富休闲生活。建立在体育旅游基础上的行为有一个共同的特点，即通过愉悦身心或猎奇刺激，以满足人们学习知识、亲近自然、健身娱乐、实现自我、发展个性等方面的需求。

体育和旅游能有机结合，是因为两者存在着许多共同的或相似的特性。旅游作为一种休闲、消遣与消费活动，主要是满足人们在身体、精神和文化等方面的需求，而体育运动也是人类社会的一种文化现象，其发展也是建立在满足人们不断增长的身心享受的需要的基础上的。体育和旅游两种文化活动的存在与发展有相同的社会经济文化背景，对人类社会起着相似的作用，特别是当社会经济发展到一定程度之后，其活动内容在满足人们心理和生理的高层次需要等方面，都有着异曲同工之处。

首先，体育与旅游都是人类社会发展到一定时期，为了满足人们日益增长的社会文化需求的产物，发展均有着共同的社会经济背景。随着社会生产力的不断提高、经济的高度发展、个人生活水平和收入水平的大幅上升、消费能力的增强以及余暇时间的增多，人们对身心享受的需求大增，自然会追求更高档次、健康文明的文化娱乐活动来满足这种需要，体育和旅游就给人们提供了可满足这一需求的选择。

其次，体育和旅游活动都是社会休闲消费活动，是人们满足自身精神文化需要的方式。作为社会经济活动，除共同的经济发展基础之外，人们在体育或旅游活动过程中，参与者总是要与社会方方面面发生经济联系和关系，即通过货币交换来获得和满足相应的需求。此外，作为人们的文化消费活动，体育市场与旅游业一样，对社会经济增长起着拉动作用，因而旅游业的体育产业在现代社会经济发展中都占有十分重要的位置。

再次，体育和旅游都是文化活动，因为两种活动都具有丰富的文化内涵。在活动过程中，人们既增长了见识，又增强了体质；既领略了大自然的美景，又体会了人与自然的和谐；既欣赏了人类文化遗产，又丰富了现代生活知识；既了解了世界各地的风土人情，又促进了各国和各民族之间的交往与友谊。因此，体育同旅游一样，对参与者而言，既是一种物质生活方式，也是一种文化或精神生活方式。

最后，任何构成体育或旅游商品的对象物，都具有其自身独特的历史、民族特质与文化氛围。参与者可以从小吸取这种特质，感受这种氛围并接受其熏陶，可以达到愉悦身心和增长见识的目的。

在参与旅游活动或体育活动的过程中，既可以促进不同文化间的交流和传播，还可在一定程度上起到对文化传统和优秀民族习俗保护的作用。因为包括民族体育在内的民族文化也是一种资源，一个国家、地区、社会甚至当地居民为了开发和利用这一资源，就必须重视对有益的民族传统和当地文化的发掘与保护工作。

旅游理论界认为，旅游作为一种内容广泛的闲暇活动，包括三个方面内容：第一类包括了登山等户外活动和体育竞技活动。第二类是漂流、攀岩、滑雪等利用自然条件进行开发的项目，是对体育和旅游深层次的挖掘。第三类是在旅馆饭店住地设置的诸如保龄球场、网球场、游泳池等向旅客提供体育健身娱乐服务的项目。这些内容和项目的有机构成，形成了体育与旅游的结合。

旅游又可划分为单纯旅游活动和连带旅游活动，单纯的旅游活动包括游览、消遣、娱乐、参观、度假等；在连带的旅游活动中，体育是其内容之一。从旅游动机上又分观光型、保健型、文化型、社会交往型和经济型等，而保健型旅游动机就是指人们在工作、学习后以放松头脑和机体为目的的旅游。旅游者可去与锻炼身体和放松身心有关的旅游点，选择对身体和心理有益的旅游活动方式。就旅游者对旅游资源的心理需求而言，主要可分为知识性、刺激性和参与性三大类，将体育活动融入旅游之中，并强化旅游活动的可参与性，从另一侧面来满足人们的多种心理需要。

旅游资源有自然界形成的，也有人类社会所创造的，并有着发展变化与不断丰富的特点。在旅游资源分类上，按旅游者出行的目的不同而分为心理、精神、健身、经济等旅游资源。从旅游资源的条件考虑，可将其划分为自然旅游资源和人文旅游资源。在自然旅游资源中，也就是说在山水之中，人们在观赏大自然美景的同时，自觉或不自觉地锻炼了身体；在人文旅游资源中，文化、艺术、体育等，都是其中可加以开发的内容。从旅游资源开发的角度来讲，通过人工创造新的旅游资源是其类型和方式之一，而根据各旅游地的实际情况，有选择性地将某些体育运动项目纳入其中，把体育与旅游有机和谐地结合起来，也符合旅游资源开发的特色性原则。

体育与旅游是现代社会的休闲方式。体育活动和旅游活动都是现代社会人类的主要休闲方式之一，是与当代社会崇尚科学、文明、健康的生活方式相一致的。大众体育行为和大众旅游行为一般都发生在闲暇时间内，是一种闲暇行为，旅游休闲娱乐是一种时尚，体育休闲娱乐也是一种时尚。体育休闲娱乐热和旅游休闲娱乐热已在世界不少国家和地区进入了高潮，其普及程度以及对整个社会生活影响的程度，已大大超出了人们对体育和旅游的传统认识。科学的进步和知识经济的到来，更为这一热潮提供了充裕的闲暇时间，起到了推波助澜的作用。随着社会进步和生活水平的不断提高，人们将更多地选择体育活动和旅游活动来充实闲暇时间，满足精神和文化生活的需要。

体育的文化内涵给旅游增添色彩。体育文化源远流长，人类所创造的体育运动不仅仅局限于动物性质纯粹的肢体运动，而是一种为人所创造的文化形式。它通过身体运动这一手段，改善身心机能，促进人的全面发展，丰富社会文化生活。旅游活动在整体意义上也是一种文化活动，即透过本国、本土、本地文化的视界，去审视异国、异地、异质文化的新奇性价值，从而充分享受旅游观光的乐趣。吸引游客的旅游地一般有两大景观，即人文景观和自然景观。体育与旅游融合而成的体育旅游是一定社会文化的产物，是依赖于一定社会文化背景而产生的。

体育活动丰富着旅游人文资源。体育旅游不仅是对旅游自然资源的利用，同时，多姿多彩的体育活动又极大地丰富了旅游人文资源。从资源开发角度看，许多体育项目经旅游业开发后能产生出经济效益，具备构成旅游资源的一切属性。体育活动以其健身性、娱乐性、参与性、新颖性和刺激性等特征，能满足大众健身、娱乐、休闲和冒险等多样化消费需求，对旅游者有极大的吸引力，还能激发旅游者外出旅游消费的动机。将身体运动融入高山、冰川、草原、江河、湖泊、海洋等自然景观之中，所形成的登山、攀岩、滑雪、滑冰、滑草、骑马、漂流、冲浪、划船、游泳、垂钓等体育健身娱乐项目，也是体育与旅游有机结合的体现。

正如旅游业的发展要纳入休闲产业范畴中一样，体育旅游业也应当与社会休闲产业和整个旅游业融合，而不应孤立地开发。休闲产业与旅游业在相互促进中共同发展，体育旅游业要正常顺利发展，必须跳出狭窄的圈子，在海阔天空的社会休闲大范围去寻求自身的生存和发展空间。由于体育健身和旅游等活动内容在休闲范畴中能起到特殊作用，因此，我们对休闲生活方式构建与体育旅游发展之间的双向驱动关系做较为广泛与深入的研究，具有一定的理论意义和实际价值。

第二节　数字经济驱动的国外体育旅游的发展

在发达国家人们的休闲模式和休闲方式及内容中，旅游、体育以及两者的结合而产生的体育旅游都是余暇生活中的重要内容。体育旅游与其他休闲旅游一样，特别强调人与大自然的和谐一致，增强爱护、保护自然的意识。正是由于它不同于一般意义上的旅游，而是对传统的旅游概念从内涵到外延都做了新的延伸，因此，休闲旅游（包括体育旅游）在世界上许多国家备受人们的青睐。

户外运动与户外旅游在旅游业发展的初期就与其结下了不解之缘，即体育旅游的发展实际上与近代旅游业的出现基本上是同步的。如，1857 年时英国人就成立登山俱乐部，该组织向登山爱好者和旅游者提供各种服务；1885 年英国又成立了野营（帐篷）俱乐部，主要是向喜爱户外活动的旅游者提供野外的食宿设施及相关服务；1883 年，在挪威、瑞士等国成立了滑雪俱乐部，为滑雪爱好者提供各种服务；法国、德国在稍后的 1890 年成立了休闲观光俱乐部，向旅客开展类似的服务活动。

人们对体育休闲旅游的需求，刺激了西方近代休闲娱乐设施的发展。最初人们去疗养地，如温泉疗养地等，是相信饮用或沐浴矿泉水等具有医疗效果。直到 19 世纪，疗养地的利用主要还是医疗保健性的，但人们在疗养的同时，也有娱乐消遣的内容。到了 19 世纪后半期，消遣的概念开始产生。

随着欧美国家人们生活水平的提高、闲暇时间的增多和新观念、新文化的发展，休闲、度假、疗养、健身、娱乐活动逐渐成为一种时尚。消遣旅游的足迹开始遍及世界各地风景秀丽和气候宜人的海滨、温泉、山区、峡谷、森林以及著名的大都市。一大批集食、宿、游、娱于一体的闲暇疗养胜地、度假小镇、娱乐场所、休闲设施欣欣向荣地发展起来。此时，在室内娱乐活动中开始出现了台球、桥牌、保龄球等项目；在户外开始流行登山、滑雪、漂流等体育项目以及赛马、垂钓、打猎、棒球、垒球、网球、高尔夫球、射击等休闲体育健身活动。各类休闲、健身以及娱乐活动的发展同旅馆业的发展一样，最初都是服务于上层社会的，继而逐步转向大众消费者，逐渐成为近代旅游产业的重要组成部分。

20 世纪初，以体育健身和各种闲暇娱乐为主体的休闲娱乐业在一些国家初步形成规模。例如，美国在 1929 年时，休闲娱乐业占服务业国民收入的 8%，占全国国民收入总额的 0.93%；90 年代中期的英国就已有高尔夫球场 2350 个，每一球场有 1050 名会员，目前在英国有 300 多万高尔夫球爱好者，每年出国进行高尔夫球旅游的人达 300 万人次；在日本，除本土上拥有 1926 个高尔夫球场外，每年还有约 150 万人到澳大利亚和美国打高尔夫球；美国有 1413 个高尔夫球场，每个球场拥有 1750 名高尔夫球员。虽然许多人认为高尔夫球属于"贵族运动"，但它在旅游产品中却受到越来越多旅行者的欢迎并逐步走向大众化，世界上打高尔夫球的人数以年均 20% 的速度增长。

为研究目前体育在旅游中的作用，西班牙旅游评论部门曾对 315 家宾馆进行了调查统计，在各宾馆列出的服务项目中，体育运动占 56.42%，基础设施为 31.12%，健康服务为 6.46%，休闲活动为 5.49%，这在一定程度上说明了体育运动在现代旅游业中的地位。

在发达国家，高山滑雪旅游十分普及，目前欧洲阿尔卑斯山区的滑雪旅游者达 5000 万人。法国有世界上最著名的滑雪旅游胜地，1994 年法国国内国际滑雪者达 720 万人，其北部的阿尔卑斯山的 15 个滑雪场最为重要，占法国滑雪营业额的 78%。至 2001 年底，全世界共有滑雪场 6000 个，滑雪人口 4 亿，年收入 500 亿美元以上。在欧美，约有 10% 的人口参与滑雪，滑雪旅游已成为许多雪资源富有国家的重点发展产业。

20 世纪中后期，随着旅游业的快速发展以及体育运动的普及，以体育运动为特色的旅游项目在欧美国家得以迅速发展。人们所喜爱的高山滑雪、徒步登山、帆船、冲浪，以及攀岩、漂流、探险、极限穿越等冒险刺激类项目，都是体育运动与旅游的结合。如瑞士一个坐落于阿尔卑斯山脉的小镇达沃斯，就充分开发与合理利用当地自然条件，形成了一年四季均有多种可参与体育活动的特色，成为世界著名的体育旅游胜地。在经济发达国家中，利用自然资源，举办各种野营和回归大自然的活动也相当普及。

在德国，每年有 3200 万人从事与体育旅游有关的活动，占该国出国旅游人数的 55%；德国有组织的自行车旅游旅行社就有 200 多家，每年约有 1200 万人参加自行车旅游。荷兰和法国体育旅游的人数分别为 700 万人和 300 万人，占两个小国人数的 52% 和 23%。1997 年到 1999 年，德国体育旅游年平均增长 17%，法国增长 7%。在瑞士仅滑雪旅游一项，每年接待外国体育旅游者高达 1500 万人次以上，创汇 70 亿美元左右。每年到澳大利亚旅游的游客中有 5% 是专程去打高尔夫球的，仅此一项体育旅游的创汇便十分可观。漂流也是西方国家人们喜爱的户外体育旅游活动，仅在美国东部每年参加漂流活动的就超过 100 万人次。

在亚洲，体育旅游开发也受到了重视，日本的许多旅游点都设有相应的体育娱乐项目和设施，给旅游者提供体育健身服务；新加坡正在筹划将该国发展成为体育旅游中心，新加坡拥有良好的体育设施，如高尔夫球场以及水上运动场等，并以此为基础，争取举办更多的大型体育比赛和体育活动，使体育旅游成为新加坡发展旅游业新的增长点；在马来西亚第九个国家发展计划期间（2006 年至 2010 年），马来西亚旅游部着重开发九个领域的旅游产品，吸引游客来马观光。需要重点开发的旅游领域包括生态旅游、保健旅游、体育旅游、海洋旅游和会议旅游等。为此，马来西亚旅游部计划拨款 18 亿林吉特用于开发、改善国内的旅游景点以及宣传推广活动。

日本的体育旅游业以打高尔夫球、登山、滑雪和水上等项目为主，如该国现有滑雪爱好者 1500 万人，每年人均滑雪 3～4 次。由于现代社会人们更加热爱回归自然的活动，因此登山和水上活动（如潜水、帆板、钓鱼、滑水等）这类接近自然的项目在日本日益受到人们的喜爱与参与。该市场产值保持着上升态势，1990 年为 880 亿日元，1992 年达 1.002 兆日元，1993 年达到 1.069 兆日元，以后平均每年增长约 2%。此外，日本还拥有高尔夫球场 1926 个，每年有 150 万高尔夫球爱好者出国旅游。日本、韩国等以滑雪为特色之一的体育旅游也很活跃，并吸引着大量海外游客。

据国家旅游局的资料，野营旅游在许多发达国家也十分普及。例如，1982年时，美国的野营营地就达110万个；在欧洲，1991年时有野营营地50万个，平均每2000人拥有一个；日本有野营营地2200个，平均每55 000人拥有1个；西班牙有984个帐篷区等，专为野营旅游者提供。

此外，利用大型国际体育赛事进行体育旅游开发，也成了大赛主办国与举办城市极为重视的重要的经济收入来源，旅游行业本身也从奥运会、世界杯足球赛等大型比赛的旅游商机中最大限度地受益。大量的旅游者所带来的旅游收入给每届奥运会带来稳定的商机和丰厚经济利益。

例如，1964年东京奥运会实际旅游者数为7万人，1980年莫斯科奥运会的实际旅游者是3万人，而到了1984年洛杉矶奥运会时，实际旅游者人数达40万，其入境旅游者为22.5万人。1988年汉城奥运会的入境游客达22万人，直接有关的旅游收入达14亿美元；1992年巴塞罗那奥运会吸引了30多万外国游客，旅游收入30亿美元；1996年的亚特兰大奥运会锦上添花，入境游客达35万人，佐治亚州的旅游收入高达35亿美元；2000年悉尼奥运会更是前所未有的旅游盛会，奥运会也给悉尼带来了大批的游客。在奥运会的16天里，到达悉尼的国内外游客人数达到100多万，为澳大利亚旅游业带来的海外投资达到了87亿美元，创造了15万个就业机会。2004年雅典奥运会虽然受各种因素的影响，40万左右的游客量未达到主办者的预期，但旅游收入并未随之下降，因为奥运期间游客较高的花费弥补了因游客人数下降带来的差额。雅典奥组委主席认为，整个希腊现在仍然从举办奥运会中收获巨大的利益，其中很重要的原因就是奥运会的举办让希腊旅游业迅速发展起来，奥运会后效应显现出来。2005年，到希腊的游客人数已经增长了15%，而到雅典的游客数则增长了20%。

有资料表明，1994年美国举办的世界杯足球赛共有350多万观众到现场观看比赛；1998年法国世界杯吸引了全世界250万人次的观众，世界杯对举办国旅游业的贡献显著。据统计，截至2002年6月世界杯期间，韩国的外国游客数约45万人，其中直接观看比赛的国外游客约25万人。韩国银行将前来观看世界杯赛的大批外国游客所带来的经济效益（外国游客在韩国的支出）进行试算的结果是，外国游客人数约为 247 000 人，按平均每名游客在韩停留 12 天，每天每人支出 252 美元标准来计算，外国游客的总支出约 10 亿美元。另据日本移民局的统计，世界杯期间，即从 5 月 31 日至 6 月 30 日，日本国外入境游客人数为 482 198 人，比平常有较大幅度的增加。

2006 年德国世界杯足球赛组委会于 2003 年 12 月 4 日宣布了已初步确定的在该国举办的世界杯所有比赛票价，其中第一轮比赛中最便宜看台区位的票价仅为 35 欧元，这一门票价格比韩日世界杯足球赛最低门票价格少了 16 欧元，此举意在争取更多的观众和世界各国的游客届时到访德国。据德国国家旅游中心统计，世界杯期间至少有 100 万国外游客来德看球、观光和旅游，在世界杯的主赛场柏林，国内外游客一天就达 45 万人。该届世界杯共有约 380 万人次的观众前往比赛现场观战，而据德国世界杯官方的统计，前往异地观看比赛的人数不低于 200 万人次。

在北美前几年商业萧条和一般个人旅游出现相对萎缩的时期，体育旅游却是一枝独秀。体育旅游业给加拿大带来每年 13 亿美元的收入，其主要原因就是加拿大每年要举办多个大大小小的体育赛事，有 37% 的旅客观看或参加体育比赛。

又如，2003 年 11 月下旬在德国柏林举办的马拉松比赛，来自世界各地的参加者超过了 35 000 人，年龄最大者已有 87 岁。实际上，其中有 99% 的人到柏林是去体验马拉松而不是去参加马拉松比赛的。据德国经济专家计算，这些年来，柏林马拉松比赛已为该市创造了 2.8 亿欧元以上的收入。

体育旅游是旅游业与体育的结合，是体育资源和旅游资源开发的互补与互利。近几十年来，世界旅游业快速发展。在各国旅游中多将有影响的国际性体育比赛（如奥运会、世界杯足球赛和其他国际性赛事等）和富有特点并具有一定规模的文化体育、健身娱乐场所作为现代人造旅游资源，甚至体育场馆等加以开发利用。例如，北美职业棒球大联盟中的美国纽约扬基俱乐部所属的扬基体育场就设有特色体育旅游项目，在耗时 1.5 小时左右的特色游中，旅客可看到球员休息室、记者席、俱乐部纪念公园等设施，价格为 25 美元。其实，国内外许多城市和地区在举办大型运动会之后，都想方设法地把赛事遗留建筑设施等变为旅游观光物。

随着体育旅游的兴起与蓬勃发展，近年来许多国家的学者们也注意到对这一现象进行研究的必要性。如 2000 年，在澳大利亚的堪培拉就举办了第一届体育旅游研讨会，与会者就"体育催生旅游"和"体育与旅游二者的关联性"等议题进行了探讨。2003 年 11 月，在加拿大召开了由该国旅游联盟和旅游委员会共同发起的"体育旅游与体育管理大会"，旨在启动市场营销合作项目和吸引大批参与者，将加拿大打造成为体育赛事的最佳举办地。2004 年 6 月在希腊举行了有关体育旅游的前奥运会议，此次会议的主题就是"体育旅游全球化"。此外，2004 年雅典奥运会科学大会也有多篇关于体育旅游研究的文章入选。

总之，体育旅游业在全球的发展是不争的事实。

从上述简介中可以看到，体育与旅游的结合在国外已经过了 100 多年的历史，而今作为现代人生活方式的内容之一，体育旅游在世界上许多经济发达国家中已得到较深层的开发和较充分的利用，体育旅游业已成为整个社会休闲业中不可缺少的组成部分。

第三节　数字经济驱动的我国的体育旅游

我国有着丰富的体育旅游资源和开展体育旅游活动的天然场所，1072 万公顷的湖泊和水库面积，28 万平方公里的海岸地带面积，9491 万公顷的森林面积，320 万平方公里的山地面积和 95.59 万平方公里的河流流域面积等，为发展体育旅游业提供了良好的自然条件。在东北各省有天然滑雪场以及国家级森林公园数十个，是冬季滑雪旅游的胜地；我国其他雪源地区广大，华北、西北和西南等地区都有可开发的滑雪资源；在我国海岸线上，有诸多著名的海滨城市，如大连、秦皇岛、青岛、厦门、三亚等地，都是游泳、潜水、冲浪、日光浴等理想的体育旅游场所；内陆众多的江河、湖泊和水库多可用于开展漂流、划船等体育娱乐活动；我国的许多名山大川，也为登山、攀岩等活动的进行创造了条件。除登山、滑雪、海滨游泳等传统的项目外，近年来在我国的一些地方，新的具有体育特色的项目，如漂流、徒步穿越、滑草、温泉浴以及驾车旅游等也正在开拓之中。风筝、龙舟、武术以及众多少数民族特有的民族传统体育项目，也正在成为旅游吸引物。部分集休闲、健身、娱乐、回归自然、文化、科技等于一体的体育旅游资源，由于其突出的参与性和趣味性而逐渐受到人们的喜爱。

近年来，体育旅游在我国各地均得到重视并有一定程度的发展。

例如，一篇名为"澳门体育旅游业将成为新的亮点"的文章中谈道：在澳门的支柱产业——旅游业中，体育旅游是一个重要的组成部分，体育旅游业已经成为澳门最新兴的行业。澳门积极筹办体育旅游活动，足见其开发体育旅游业的决心，致力于成为体育旅游业的国际模范城市。体育旅游业能有效提升澳门的国际知名度，亦将成为澳门独特的生活特色和文化遗产。澳门特区行政长官何厚铧在2005年度施政报告中提出，要大力发展大众体育和竞技体育，作为提高居民综合素质的一个重要方面。时任澳门体育发展局局长黄有力曾表示，澳门要发展体育旅游。毫无疑问，体育旅游业将成为澳门经济、社会、文化生活发展中的亮点。

在海南日报（2005-12-29）上一篇名为"体育休闲成为海南游新亮点"的文章中说：体育将成为海南旅游业的重要催化剂，具体体现在它能给游客提供参与或者是观赏体育活动的机会。全球最重大的国际赛事带来的都是广大的旅游商机。而海南的气候和海洋环境适于开展一些类似潜水、水球、沙滩排球、划艇等在国内其他地方不宜开展的体育活动，这使海南在开发与体育相关的旅游项目上拥有重要优势。网球和高尔夫球已成为海南主要体育休闲运动项目，各度假区、酒店都注意完善这方面的运动设施。海南的高尔夫球场，具有国际水准，而且花费没有想象中的那么贵，一些工薪阶层的游客花四五百元人民币在海南11家高尔夫球场的任何一球场就可体验这种被后人认为是贵族运动的体育休闲项目。兼有体育和探险性质的攀岩旅游去年也在海南兴起，白石岭风景区的此项活动在开业1个月内就接待了1300多位攀岩爱好者。从1998年国家男女沙滩排球队到海南文昌冬训后，一系列大型赛事的训练计划开始在海南施行。按照海南省旅游发展总体规划，海南的体育休闲游还会考虑举办包括环岛自行车赛、帆船比赛、汽车大奖赛在内的多种赛事。以体育运动带动海南休闲旅游业，海南的旅游产品内容必将不断得到丰富。

以登山为主体的体育旅游在西藏开展较早，并在上个世纪末就取得了明显成效。西藏自治区国际体育旅游公司在 1991 年至 1995 年的 5 年中接待了 1256 个旅游团队 7868 名客人，固定资产达 3000 万元，具备了较强的实力。西藏群山环抱，东有悬崖绝壁、高刺青天的横断山脉，南有巍峨宏大、险峰林立的喜马拉雅山脉，西有雄伟峻峭的冈底斯山脉，北有横空出世的昆仑山脉和唐古拉山脉，中有气势磅礴的念青唐古拉山脉。还有世界著名的珠穆朗玛峰、洛子峰、马卡鲁峰、卓奥友峰、希夏邦玛峰 5 座 8000 米以上高峰，南迦巴瓦峰、扎西次仁玛峰等 7000 米以上高峰 70 余座，还有像冈仁布钦山那样的"神山"、梅里雪山等海拔在 6000 米以上数不胜数的雪峰巍然耸立在西藏域内和边界上。雪峰险岭之间，高原湖泊星罗棋布，是进行登山、旅游活动的胜地。随着我国改革开放政策的实施，西藏的山峰资源的经济价值日益显示出来。自 1980 年以来，我国进一步放宽和确定了山峰管理政策和权限。西藏对外开放了包括珠峰、卓峰等著名的山峰在内的 44 座山峰。1991 年到 1995 年，接待 33 个国家和地区的 344 支登山团体 5199 人，创收 4176 万元，除支付接团费用外，上缴税金 185 万元，为体育事业弥补经费 1000 余万元。特别是山峰所在地区和县以及农牧民得到了收益，定日县 8 个乡的数百头牦牛为国内外登山者驮运物资，年收入达 100 万元。

近年来，秦皇岛市北戴河区积极培育和拓展体育等特色旅游市场，谋划和实施了"运动之春""浪漫之夏""时尚之秋""休闲之冬"四季主题活动。北戴河区自 2005 年起连续举办两年的"运动之春"轮滑节体育旅游主题活动，吸引了许多国内外重大体育赛事在北戴河举办，特别是轮滑运动已成为北戴河体育运动的主打品牌，成为当地旅游市场的新卖点。

体育和旅游的结合，已经在"长三角"产生了连锁的"聚金效应"。无论是观摩竞技比赛，还是登山、攀岩、漂流、蹦极等健身休闲活动，方兴未艾的"体育旅游"也成为长三角旅游经济的新引擎。

在人均 GDP 已经超过 3000 美元的长江三角洲地区，先富起来的人群越来越注重生活品质，各种健身休闲日益风靡，高尔夫球、游艇等高端项目更令不少外地游客慕名而来。国际著名的 AC 尼尔森公司的专项调查显示：2004 年 F1 中国大奖赛期间，上海的高档酒店当月业务量增额约为 2.8 亿元。赛事期间酒店房价比平时上涨 100% 左右，不少团队客户甚至在一周前就开始预订房间。2004 年，F1 中国大奖赛吸引了 26 万现场观众，2005 年，这一数字变成了 27 万。这些观众约有 1/3 来自境外，1/3 来自上海之外的国内其他地区。举办 F1 比赛的上海国际赛车场已成为上海经典旅游景点之一。

南京的钟山国际高尔夫、银杏湖高尔夫、珍珠泉昭富高尔夫等俱乐部吸引了韩国、港澳地区的游客前来度假。事实上，大型节庆和运动赛事对承办地旅游的带动作用，远远超出当下的影响，其"后效应"含金量更大，游客数量将会有大幅、持续的增长。江苏为举办全运会而建起的网球、垒球、曲棍球等一系列高标准场馆，完全有能力承办高水准的国际赛事，这些都是"长三角"体育旅游发展的"伏笔"。另外，坐落在南京紫金山风景区的白马公园皮划艇激流回旋赛场，是世界第五、亚洲第一的皮划艇激流回旋场地。紧邻风景区的优越地理位置可以使它在非赛事期间为南京市民和游客提供一个全新刺激的"激流回旋之旅"。举办马术比赛的南京赛马场，是亚洲最大最先进的赛马场，赛后成立俱乐部，面向"长三角"地区的高收入者开放。体育运动赛事的举办在广东市民中掀起了一股体育运动热潮，同时也让以体育为主题的旅游产品成为秋冬旅游的亮点。除了将运动比赛和旅游融合在一起，在市场上推出的具有体育旅游概念的旅游产品之外，目前参与性的体育旅游开始在省内旅游中大放异彩。

近年来，省内景点除了生态招牌，更依靠自身的地理优势，开辟漂流、攀岩、溯溪等运动项目。如在德庆举办的广东省首届漂流大奖赛，就是一项大型的大众化体育旅游。于 11 月 8 日至 13 日在广州举行的"2005 中国羽毛球公开赛"，首次实现与旅行社合作。参与此次活动的广东铁青表示，旅行社进一步开发和拓展如自驾车旅游、滑雪旅游、探险旅游、野营旅游等项目，以新型的旅游模式赢得市场。

厦门的体育旅游开发欲从以下方面入手，一是以马拉松唤醒厦门旅游。如果没有举办厦门国际马拉松赛，就没有人发现环岛路是"世界上最美丽的赛道"。在第三届厦门国际马拉松赛举行期间，中央电视台把数以万计的参赛选手激烈的竞技画面连同环岛路的美丽风光展现在世人的面前。厦门马拉松赛扩大了城市影响，凸显了城市品牌，增强了城市影响力，实际上已经成为厦门又一张精致的名片。二是以资源优势拉动旅游产业。旅游发展到今天，已经从观光、商务旅游发展到休闲、参与、探险等增进健康的体验式旅游。除冰雪项目外，其他体育运动项目都适合在厦门开展，尤其是水上运动项目。厦门的优势在海，在国内像厦门这样拥有丰富的海洋资源的城市并不多，厦门又地处南方，一年四季都可以开展水下运动项目。因此，如何利用这一得天独厚的条件，打造有影响、有吸引力的体育旅游应该提到议事日程。三是全面挖掘体育旅游。借助"海洋节"这个大舞台，围绕"海"做好文章，推出更多有特色的竞技活动，增加卖点。厦门正在建设的一些体育设施，也将为一些体育旅游项目的开展服务。首届"俱乐部杯"帆船挑战赛和"厦门—香港帆船拉力赛"两个帆船赛事在厦门陆续举行是一次很好的尝试。羽毛球、乒乓球是厦门的传统强项，出过许多世界冠军，群众基础良好，可以经常举办一些赛事，形成固定的节庆活动。此外，开展休闲体育运动，如环岛路可以打沙滩排球、沙滩赛跑，一些湖泊可以开展水上摩托艇等，集美湾、杏林湾可以扬帆起航，开展帆船、滑水等运动，以及一些独具厦门特色的东西，只要定期比赛，也会见到效果。

近年来，宁波旅游大打"体育牌"，"以体促游"的成绩显著。该市相继举办了"明星足球赛""火车头土场足球联赛""全国沙滩排球巡回赛""全国围棋棋圣赛""高尔夫球名人邀请赛"等一系列赛事，建成了镇海九龙山及象山海洋垂钓基地、溪口银凤度假村沙滩排球基地、东钱湖新高尔夫球场、象山松兰山全国帆板训练基地、宁波水上运动基地及投资 3 亿元的宁波市体育中心等一大批体育旅游基地。为了配合"2001 年中国体育健身游"的主题，宁波市还组织了"世界华人木球比赛""雅戈尔国际业余网球赛""中国麻将比赛""世界羽毛球大奖赛"等一大批赛事来配合体育健身游活动。竞赛型体育旅游的红红火火，吸引了国内外大批游客来此观看比赛、游览观光、休闲娱乐与健身。体育和旅游两大产业相互促进，成为宁波市新的经济增长点。

在国家体育总局批准的全国建设的 16 个"体育圈"的项目中，"环青海湖民族体育圈"被列为第一。是否确定为"体育圈"的主要前提是该地区是否具有广泛影响力的赛事，同时是否拥有独特的自然景观和人文景观。其目的在于促进旅游、运动、休闲有机结合起来，从而促进旅游、深化体育、推动地方经济发展。"环青海湖民族体育圈"凭借丰富的旅游资源、民族风情和高原体育，依托青海独特的山峦、冰川、河流、草原和沙漠等，着力修建登山、攀岩、攀冰、滑水、赛马、赛牦牛等风情特色的体育运动，有力推动青海旅游和民族体育的发展。"环青海湖民族体育圈"被确定为 16 个要建设的"体育圈"之首，这与环青海湖区域已形成规模的体育赛事、特有的民族风俗和独特的地理环境有密切联系。一是"环青海湖国际公路自行车赛"，不仅提升了我国自行车运动在世界自行车运动中的地位，同时也提高了我国体育运动在世界体育运动中的声望，这对宣传青海，让青海走向世界发挥了积极的作用。青海的多巴国家高原训练基地具有项目繁多、内容丰富的民族体育，这为环青海湖民族体育发展打下了深厚的群众基础。二是青海湖流域自然景观壮美、文化底蕴丰厚、民族特色浓郁，为全省体育旅游创造了很好的环境氛围。例如三江源、青海湖、昆仑山、玉虚峰、金银滩草原、玉树歌舞、热贡艺术之乡、互助土族风情等高原奇景、藏族风情、生态旅游、土族风情为打造"环青海湖民族体育强国"可以有效地把旅游观光与体育产业紧密结合，从而有利于发展具有青海特色的体育旅游产业。

拓展训练起源于第二次世界大战时的欧洲，主要以户外活动的形式，对受训者进行心理素质和管理水平两方面的培训，帮助受培训者增强自信心、克服心理惰性，并增强其责任感和信任感，使其更为融洽地与团体成员合作。拓展培训以其新颖的形式和良好的效果在半个世纪内风靡了全世界。重庆歌乐山森林公园依托周边自然环境，建成了包括断桥、天使之手、浪尖、天梯、空小单杠、相依等高空项目和魔岛、背摔墙、毕业墙等地面项目的拓展训练，可满足所有项目的拓展培训要求。整个拓展训练营是目前重庆市环境最好、规模最大的户外拓展中心。该区旅游局有关负责人介绍说，歌乐山森林公园修建拓展训练营是为了进一步利用公园的自然环境优势，发挥公园的体育特色，为广大市民提供一个健身、休闲的好去处。

吉林北大湖体育旅游经济开发区是 2003 年 4 月经省政府批准成立的省级开

发区。开发区总规划控制面积126平方公里，核心区面积35平方公里。北大湖滑雪场始建于1993年6月，1994年建成并投入使用，是中国首批AAAA级风景区之一，是我国重要的滑雪训练基地和旅游滑雪中心，现有北雪大厦和运动员村各1座，国际标准高山滑雪道6条，架空索道5条，越野滑雪道2条，冬季现代两项靶场1座，空中技巧台1座，因2007年第6届亚洲冬季运动会全部雪上赛事将在北大湖滑雪场举行，为了完成好这一重要任务，吉林省政府决定对北大湖滑雪场实施改扩建项目建设，包括新建高山滑雪道7条，越野滑雪道2条，架空索道2条，引进造雪设备，对北雪大厦和运动员村进行改造，并新建多功能服务中心1座，项目总投资为2.66亿元人民币。北大湖体育旅游开发区的发展定位是，以2007年亚冬会为契机，把北大湖建设成为国内一流、国际知名的滑雪竞赛训练基地，国家重要的滑雪和避暑旅游中心。同时，根据高起点规划、高标准建设、高效率运作的原则，制定了开发区的发展目标，保证北大湖滑雪场具备成功举办亚冬会雪上赛事的各项条件，建成国内一流、国际知名的滑雪竞赛训练基地；中期把北大湖开发区建成国家重要的滑雪和避暑旅游中心，发挥旅游大市建设的龙头作用；远期使北大湖滑雪场具备举办冬奥会雪上赛事的各项条件，将北大湖开发区建设成为功能完备、特色突出、实力较强、有重要影响力的体育旅游经济开发区。

全国各地的体育旅游活动丰富多彩、有声有色。如内蒙古仅在2005年7月一个月内就组织与开展了呼和浩特全国保龄球公开赛、首届全区国际标准舞、交谊舞公开赛、第二届利丰汽车文化节暨草原汽车那达慕、第六届昭君文化节民族风情游等10项体育旅游活动。此外，滑雪比赛、雪圈比赛、雪地摩托、马拉雪橇等丰富多彩的体育活动正在宁夏冰雪旅游文化节上开展，这些昔日在东北地区开展的冰雪运动如今已进入西北大地，并成为当地体育旅游的新亮点。

目前，体育和旅游的结合越发紧密，体育盛会同时也是旅游盛会，而且影响深远。在奥运会、世界杯足球赛这样世界性重大的体育赛事举办期间，举办城市都会迎来滚滚的游客潮。像新疆、内蒙古每年都要举行的那达慕大会，汇集了摔跤、赛马、射箭等诸多民族传统体育赛事，场面热情、刺激，吸引了无数外地游客观赏；还有环青海湖自行车拉力赛这样的高原赛事，也会让游客不远万里前往观瞻，高原湖泊展现给游客的不只是静的美，还是速度与力量的运动美。许多城市利用自身资源优势，走独具特色的体育旅游的发展道路，颇见成效，沿海地区打海洋牌，东北地区打冰雪运动牌，西北地区打登山探险牌，这些应该给我们很好的启示。

第七章 数字经济驱动的休闲体育产业发展

本章为数字经济驱动的休闲体育产业发展，共分为两节，分别是数字经济驱动的休闲产业发展，数字经济驱动的休闲体育产业的基本特征。

第一节 数字经济驱动的休闲产业发展

一、休闲产业的界定

关于休闲产业的界定，目前还没有达成统一的共识。虽然社会各界都已明确地感受到发展休闲业的重要性和紧迫性，但如果真正提出"休闲产业"的概念，则还必须解决一些理论和认识上的问题。主要的问题集中在以下三个方面："休闲"真是"产业"吗？休闲产业的内涵和外延如何确定？提出休闲产业的意义是什么？的确，如果按照传统的产业界定方式来研究，很难准确地划定"休闲产业"的边界。因为产业经济学的研究角度更多地强调供给方面的因素，而能够提供休闲产品的企业又往往已经被划入社会某些行业领域。

尽管理论界对此存在疑问，但时代已经把满足人类的休闲需求推到了经济和社会发展的前沿。休闲产业势如破竹，发展势头迅猛。因此，对于休闲产业的认识，我们不能用传统的理论思维来束缚思路，研究的意义在于建立一种复合型的新的产业观，探求其形成和发展的内在规律，更好地促进休闲，提升生活品质，促进国民经济的不断增长。

从广义上讲，凡是能满足人们休闲需要的部门集合都属于休闲产业范畴。从狭义上讲，休闲产业是指那些为直接满足人们休闲需要而提供各种休闲设施和服务的企业与机构的集合。本书以后者为主要研究对象，并对其做如下界定：

从需求方面看，休闲产业主要是为满足人们商业型休闲需要所形成的企业集合。根据对象的不同，休闲可以被分为自我型、公共型和商业型三大类。自我供给型的休闲，一般对他人和社会性的设施和服务依赖性较小。例如，听音乐、看杂志等个体休闲。公共型休闲通常较依赖于政府公共部门提供的非营利性的休闲设施和服务，如漫步于城市广场、参观博物馆等。商业型休闲较依赖于以营利为目的的商业机构和组织所提供的设施、服务、产品。从产业经济学角度思考，可以得出，自我供给型和公共型的休闲需要虽然存在，但由于基本上不涉及商业化运作，对 GDP 的增长不产生直接的作用，可不作为研究的重点。但是，自我供给和公共型的休闲也会对商业型的休闲产生影响，比如看杂志的个体休闲需求增长会促进杂志的发行，漫步于城市广场的公共休闲需求增长，也会促使城市广场周边的商业性休闲服务企业的发展。

从供给方面看，休闲产业的构成元素为直接提供休闲设施和服务的企业。首先需要明确的是，休闲产业是休闲企业的集合体。企业的基本特性就是追求经济效益最大化，与此相对的公益性部门、社会组织均不属此列。同时，它们的供给方式是直接的，通过商业化的运作，向人们提供最终的休闲产品。这种产品通常是综合性的，包括硬件和软件两大方面，需要其他相关企业的支持，但我们不把那些间接提供休闲产品的企业纳入此列。也就是说，休闲产业范畴内的各类企业都必须以满足人们休闲需要为主要生产目的的企业。

通过这样的界定，我们发现，休闲产业的概念就不会被无限扩大，与产业经济学中的一些基本理论也不矛盾：它符合"生产同类或有密切替代关系的产品或服务的企业的集合"；"具有某类共同特性的企业"；"具有使用相同原材料或相同生产技术、工艺或相同产品用途的特性"等产业划分标准。休闲产业的产生与人类的休闲需求密切相关，是以旅游业、娱乐业、文化业为主体的综合性的产业系统，包括餐饮、体育、保健、影视等相关企业群。

概括起来就是：现代休闲产业是指与人的休闲生活、休闲行为、休闲消费、休闲需求（物质的、精神的）密切相关的产业领域，形成以旅游业、餐饮业、娱乐业、服务业、文化产业、体育产业等为龙头的经济形态和产业系统，一般包括国家公园、博物馆、植物园、艺术馆、体育（运动场馆、运动项目、设备、设施维修）、影视、交通、旅行社、社区服务以及由此连带的产业群。

二、休闲产业发展概况

著名未来预测学家格雷厄姆·莫利托认为，休闲是新千年全球经济发展的五大推动力中的第一引擎。随着现代社会的迅速发展，工业化、信息化渗透到人类生活的方方面面，新科技缩短了人们的劳动时间，人们的闲暇时间不断增多，休闲在人类生活中扮演着越来越重要的角色。在未来的经济发展趋势中，休闲经济将成为一个地方、一个城市甚至一个国家经济发展的动力，成为全球性的新经济的重要组成部分。

国内外专家认为，休闲产业的关联度较高，产业带动能力较强，尤其对康复、医疗业，会展业，观光业，度假业，娱乐业，传媒业等产生积极的推动作用。休闲产业的发展，不仅使酒店、航空、铁路、餐饮、银行、保险等众多产业加速发展，还对轻工、纺织、建材、交通等相关行业的产品升级起到导向作用，并推动商业、金融、邮政、电讯、运输等产业迅速发展。

在美欧等发达国家中，休闲已经成为人们享受生活的主要方式，以旅游、娱乐和运动等方式为基础的休闲产业扩展到了发达国家的各个产业中。以美国为例，在靠休闲消费驱动经济模式中，休闲产业已成为美国第一位的经济活动。1990 年的调查统计表明，美国用于休闲的开销超过 1 万亿美元，约占全部消费支出的 1/3，由此带动的直接就业人员占到美国全部就业机会的 1/4，间接就业甚至占到了 1/2。可见，休闲产业带动相关产业发展的作用和由此产生的经济效益是非常大的。

第二节　数字经济驱动的休闲体育产业的基本特征

一、休闲体育产业的产业基本条件

（一）现代化——休闲体育产业化水平的标志

休闲体育现代化涉及经济现代化、文化现代化和社会现代化三个方面。经济水平按人均收入可分为贫困型、温饱型、小康型和富裕型。根据休闲体育活动的特点，现代休闲体育产业无疑是在"小康型"向"富裕型"发展的时空中发展起来的。休闲体育现代化的经济基础是经济现代化。文化现代化则在更深层次上影响着休闲现代化。现代文化是一种涌动在世界范围内的开放的、动态的文化，形成一种独具时代价值的文化格局，从而对休闲体育现代化产生深远的影响。社会服务现代化既是休闲体育现代化的外在条件之一，又是其现代化的内生条件。作为外在条件包括便利、快捷的交通服务，顾客社会安全保障体系，整洁清雅的环境等。作为内生条件则指现代化的娱乐设施，热情周到的服务。

（二）规模化——休闲体育产业化的发展基础

休闲体育业规模化集中表现在大众化娱乐消费的形成。大众化一是指参加者的范围扩展到普通大众，休闲已不是少数人的奢侈行为；二是指现代休闲体育开始形成有组织的规范化的经营模式，即消费者可以按个人喜好，在预定时间、固定场所、有计划地完成全程活动。

（三）市场化——休闲体育产业化的运作方式

休闲体育市场化的落脚点主要表现在市场规模、市场需求、市场取向、市场真实四个方面：第一，市场规模即一定的大众消费市场的基础，并且这个基础在呈现不断扩大的趋势；第二，市场需求即以市场需求为导向，休闲经济严格讲是需求导向型经济，不能离开市场的需求去考虑休闲体育业的发展；第三，市场取向即彻底地告别过去计划经济体制遗留下来的各种陈旧的观念，按市场规则来引导现代休闲体育活动；第四，市场真实即是将休闲体育资源按市场需求进行合理配置，持科学的态度，严格按市场规律办事。

二、休闲体育产业的休闲需求特征

（一）时间性

休闲需求分布受休闲时间分布影响，具有较强的周期性。在我国休闲需求集中体现在节假日，形成消费高峰，出现所谓的"假日经济"现象。

（二）时尚性

从客观上说，时尚是一种经济现象，它反映了消费者收入水平的提高和生产工艺技术的进步；从主观上说，时尚又是一种心理现象，它反映了消费者渴望变化、求美求新、自我表现等心理上、精神上的需求。休闲需求指向人的非生存性资料，同时受各种社会文化思潮的影响，追逐流行，体现时尚，成为休闲需求的又一特性。

（三）个性

一方面，由于休闲消费是人们满足其自我发展和个性显示等非生存性需求的各种活动总和，受主体自身因素影响大，在休闲消费中不论是消费项目还是消费时间，呈现较强的个体性和异质性特征。另一方面，作为休闲组织，其产品、服务、品牌必须有个性，满足休闲需求心里才会赢得主动。

（四）层次性

休闲需求是有购买的欲望，对于每个人的休闲需要，在各自经济条件的限制下形成不同层次的休闲需求。由于消费者文化素质、兴趣爱好的不同，在同种经济条件下，也会造成休闲需求具有明显的层次性。休闲体育需求一般包括现实需求和潜在需求两个层次，潜在需求转化为现实需求需要一定经济条件的支持。从结构方面来看，休闲体育需求由活动需求、环境需求、体验需求、收获需求和满意需求五个方面构成，满意是终极目标。以钓鱼为例，钓鱼是一种休闲体育活动，池塘、草坪、绿树、座椅、太阳伞等是环境，钓鱼过程是体验，钓上鱼是收获，由此精神上获得一定的满足。

三、休闲体育产业的消费者特征

（一）年龄

年龄主要表现在以下两个方面：

1. 不同年龄对休闲产品的消费重点不一样

青年人乐于寻求刺激，冒险精神较强，喜欢一些激烈、强度大的娱乐活动；中老年人则更偏爱运动量小的活动。

2. 同一消费者不同年龄阶段的休闲消费特征有差异

美国经济学家 F. 莫迪格利安尼认为，一个消费者一生中不同的年龄阶段呈现不同的消费特征，他将人的一生分为三个阶段：少年、壮年、老年。壮年阶段消费后节余的收入，一方面用于偿还少年阶段的债务，另一方面储蓄起来用于养老。这一学说被称为生命周期假定。根据这一学说，壮年时期由于收入大于消费，既有满足休闲体育需求的经济基础，也是休闲体育产业重点关注的群体。

（二）性别

性别对休闲消费的影响，表现在休闲体育消费的重点不一样。由于男性的体力一般要强于女性，因此男性消费者更倾向于激烈、刺激性强的消费项目。

（三）文化程度

休闲体育活动是一种文化活动，休闲消费本身是一种文化消费。所以，人的文化素养对休闲体育消费有很大的影响。文化水平高、素养好的人，对休闲体育的功能、意义有正确的认识和理解，会提高参与休闲体育活动的兴趣。

（四）职业

一个人的社会地位在很大程度上是由其职业决定的。同时，职业也决定了一个人的收入、工作量的大小、生活特点及闲暇时间。一般情况下，工作量大的人，喜欢经常进行一些轻松的娱乐项目。

（五）健康状况

虽然休闲消费有助于疲劳的消除和体力的恢复，但几乎任何一项消费都需要消耗一定的体力和精力。身体强壮的人，可以选择自己喜欢的任何休闲体育项目；年老体弱的人，则需根据身体的许可选择娱乐项目。

四、休闲体育产业的产品经济特征分析

（一）生产与消费的不可分性

生产与消费的不可分性是指产品的生产与消费在时间和空间上不可分离。休闲体育产品是难以储存的，只能边生产、边消费，如球类运动、健身锻炼等产品的消费，脱离了与生产环节在时间、空间上的同一性，其价值便难以真正、充分地实现。

（二）休闲体育产品生产要素的供给弹性的特殊性

休闲体育产品生产要素的供给弹性是指其价格变动对供给量变动的影响程度。

1. 劳动力的供给弹性系数小于1

这里的劳动力是指休闲体育产品的生产者，如球类运动、健美运动中的教练等。他们掌握特殊的知识、有专门的技能，专有劳动力的价格上涨后，其供给量不可能随之马上做调整。休闲体育相关企业应加强人才的培养，重视人才，特别是有特殊贡献的高层次人才。

2. 娱乐场馆场所的供给弹性系数小于1

这里的场馆场所包括运动馆、健身房等，因为从生产技术和管理的角度讲，这类要素的生产周期长，含量高，其价格发生变化后，调整生产、增加供给的难度大，因此其供给弹性小于1，这意味着其供给变动的幅度比价格变动幅度小。故应注意统筹规划，对场馆场所进行合理布局，避免闲置和浪费。

3. 一般运动器材的供给弹性系数大于1

这里所说的一般运动器材包括球类、运动服饰、健身器材等生产周期短、技术含量相对较低而价格又不是很高的休闲体育产品。但从生产的技术和管理的角度讲，当这些要素的价格变化后，调整生产的难度较小，其产量可以以高于价格变化的速度变动，因此，一般运动器材的供给弹性系数是大于1的。

（三）休闲体育产品生产要素的替代弹性较大

休闲体育产品生产要素的替代弹性是指休闲体育产品的一种生产要素的价格变化后，它与另一种生产要素相互替代的变动率。大部分休闲体育产品的生产要素的替代具有较大的弹性，当一种生产要素的价格变化后，可完全由另一种要素来替代。例如，如果健身器材、健身房租用费用等价格过高，人们可能会使用一般的运动器材，或进行徒手运动，如跑步、散步、练气功、打太极拳等，这一特征则表明，健身器材、健身房等生产要素的提供者，在制定产品的价格策略时，不能将这些要素的价格定得过高，否则会产生"为渊驱鱼"的后果，迫使消费者使用价格较低的替代品。

（四）休闲体育产品具有最终产品的性质

一方面，休闲体育产品是包含了劳务形态的产品，其价值很大一部分由劳动的消耗构成，投入品如运动器械等在该行业中所占的比重较小，因此，它具有中间投入率小的特点；另一方面，休闲体育产品被其他产业作为投入品（原料）的比例小，人们购买休闲体育产品，一般是出于满足最终消费的需要，故休闲体育产品具有最终产品的性质。

第八章 数字经济驱动的体育旅游与社会休闲

本章为数字经济驱动的体育旅游与社会休闲，共分为五节，分别是数字经济驱动的社会休闲为体育旅游搭建平台，数字经济驱动的体育旅游活动丰富社会休闲内容，数字经济驱动的体育与旅游，数字经济驱动的体育旅游的功能与作用，数字经济驱动的社会休闲与体育旅游的双向性。

第一节　数字经济驱动的社会休闲为体育旅游搭建平台

体育旅游是社会休闲活动的组成部分，即在休闲范畴中包含了体育旅游的内容。探讨体育旅游与社会休闲的互动关系的前提，并不是把二者并列，更非将二者割裂，而是在这样一种包容关系中，分析休闲生活方式的发展与变化如何为体育旅游的开展创造良好的条件并推动其发展，体育旅游的发展又是怎样丰富休闲活动的内容，促进人们健康地休闲。

大休闲产生的基础是社会经济的发展水平。虽然按世界银行 2004 年对 176 个国家或地区人均 GDP 排行，中国排列第 109 位，但从经济理论上讲，当人均 GDP 达到或超过 1000 美元时，就开始具备了休闲消费的基础。而 2005 年，我国的人均 GDP 已达到了 1703 美元。美国《时代》杂志 1999 年第 12 期中一文预言：2015 年，发达国家将进入"休闲时代"，发展中国家将紧随其后，休闲将成为人类生活的重要组成部分，在新技术和其他一些趋势可以让人们把生命中 50% 的时间用于休闲。

第一，就社会休闲与体育旅游的关系而言，社会休闲进程中经济的增长、产业结构的变化和城市化进程为旅游业和体育旅游发展创造了条件。社会的产业结构有一个从第一产业为主转变为以第二产业为主并逐步转向以第三产业为主的过程。第三产业在整个国民经济构成中所占的比例越高，则城市化水平越高，而城市化不仅是社会经济发展水平的标志，而且对居民的思维方式、生活方式、行为习惯、价值观念、文化素养等方面也会产生极大的影响。

城市化的过程本身就是一个带动经济发展的过程，城市是经济发展的产物，是一定规模的人口和经济要素的集聚地，也是先进生产力的发展平台和经济发展的载体。

城市的集聚性，使它比农村具有更高的经济效益，更高的科技和管理水平，从而创造出比许多农业地区高得多的财富，成为带动地区经济、科技、文化发展的增长极。因此，城市化进程中经济的增长，拉动了我国 GDP 和居民个人收入的提高，为人们的休闲创造了条件，同时也为体育旅游提供了坚实的物质基础。

第二，居民生活质量提高、健康观念的树立和休闲方式的转变为体育旅游的发展提供了可能。现代休闲方式的本质就是由原先传统的生活方式转变为高质量、健康的生活与休闲方式。休闲社会建立所需要的较为完备的基础设施和较好的生活环境，对于提高居民的生活质量有很大促进作用。社会经济的发展一方面使人们收入水平不断地提高，另一方面使余暇时间增多，这在很大程度上促进了居民生活质量的提高，也为人们参与体育旅游活动创造了一定条件。

随着社会教育程度和文化层次的提高，人们对自身健康也日益关注，健康观念也会发生转变，开始认识到"健康"不仅是身体强健，还应包括心理、社会适应能力等方面处于良好状态，注重生活质量与品位便成为必然。现代社会中人的休闲需求已朝多层次、多元化方向发展，而要增强体质与保持健康状态，参与各种体育活动是不可缺少的选择。观念的转变一定程度上促使了体育人口的增加，而体育人口增加为体育旅游的发展提供了参与和消费群体保障。

从市场学的角度看，消费者在一定规模上的聚集是市场形成和发展的必要条件。体育旅游市场的培育和发展，也需要消费者的聚集效应来支撑，特别是中青年要在这一群体中占较大的比例，这不仅是因为他们有良好的经济基础和相应的物质基础，更主要的他们是社会休闲活动的实践者、传播者和推广者。

第三，休闲文化的形成对体育旅游产生积极影响。文化有广义和狭义之分，休闲文化也有广义和狭义之别，广义的休闲文化包括人类在谋生的劳动及其余时间里所创造的一切与休闲相关（而非与单纯的生存相关）的物质和精神财富。狭义的休闲文化仅指其小的精神财富以及其物质载体所蕴含或体现出来的文化意味，包括人们为了休闲或休闲之中创造、消费和享受的对象、内容和产物等，既有以实体形式呈现的自然和人文景观（如名胜古迹等）、各种休闲工具、影视图书、餐饮娱乐设施等属于休闲产业的经营对象的物质方面，也有主体能够选择的非物质的方面，包括休闲过程中的主体身心状态（身体的健康及其受益状态、心理精神的内在体验和发展程度，以及身心之间的平衡与协调）、中介的科技和人文含量（尤其是人性化科技的应用和人文文化的渗透）、客体的类型和层次（主要指其小的文化品位），以及休闲过程和结果不仅无害而且能够有益于维护和建设自然环境、社会环境和人类自身的身心和谐等。从本质上说，休闲文化就是自由时间里人在寻求自由全面发展的条件、价值性质和内容，以及人自由全面发展之程度的标志。

在我国的现代化进程中，休闲及其文化现象日益凸显，并越来越成为一个重要的社会经济、文化现象。

休闲文化决定着休闲的质量和效益。随着科学技术和生产力的发展，人们用来谋生的劳动时间日益缩短，"自由时间"迅速增加，而休闲的对象、内容、方式及其价值目标的选择等对人们自由时间的质量和效益有着决定性的影响。对休闲的理解应是：工作是手段，休闲是目的。休闲文化的核心内容是通过各种不同的休闲方式，激发提高人的生活热情和意志，促进身心健康，推动经济社会发展。

休闲文化最根本的是满足人们日益增长的多方面的消费需求，培养人的享受和消费能力，推动经济的增长和社会的进步。

休闲文化不仅具有丰富的内容，而且具有多样的形式。休闲社会必须具有相应的休闲文化，特别是当工作节奏较快，人们精神压力较大，心理疲劳感强，使压抑、疲劳、机能降低、头痛、记忆力衰退等"现代文明病"发生的概率增高，在这一现实面前，人们的休闲生活方式作出了相应调整，旅游、聚会、购物成为许多人释放工作压力的休闲方式，体育健身需求的增长也势在必行，大众在防治"文明病"、培养竞争意识、形成健康个性、丰富余暇生活等方面的要求日益凸显。

根据我国的现状，安定祥和的社会环境使休闲在中国变得越来越重要，休闲大众化的时代已经到来。社会经济发展使居民人均收入都有所增加，大众有更多的钱可以消费在休闲上；随着中国教育水平的提高，人们对于自由时间的兴趣也提高了，能激发人们尝试新的以及个性化的休闲活动；开放程度越来越高的中国也会接纳世界上更多的休闲方式，其中也包括过去较陌生的特种旅游和体育旅游等。

近年来，我国政府支持和鼓励人们将劳动所得用于文明、健康、积极的休闲消费，更全面地发展自己，同时也支持和鼓励休闲产业的发展，满足人民群众的休闲需求。

生活的理想是为了理想的生活。休闲文化的兴起、发展，正是符合这一理念。我国社会生产力的发展，人民生活水平的提高，人们会逐渐具备向较高消费水平迈进的经济实力。尤其是生活在都市的人们，开始讲究生活品位。以提高生活质量，寻求自由的闲暇等精神享受，将成为一种社会目标。随着社会经济水平的不断提高，人们对休闲生活和闲暇活动方式会有更多的需求，对休闲理解和实践会进一步推动休闲文化的发展。由于休闲方式是休闲文化的重要内容，而休闲文化的发展当然需要体育竞赛、体育健身、体育娱乐、体育旅游等新的形式与内容的注入，以充实自身。

第四，休闲产业的发展为体育旅游提供了相应的物质基础。休闲产业，笼统地讲，是指与人的休闲生活、休闲行为、休闲需求，物质的与精神的，密切相关的产业领域，特别是以旅游业、娱乐业、服务业为龙头形成的经济形态和产业系统，已成为国家经济发展的重要的支柱产业。休闲产业一般涉及国家公园、博物馆、体育（如运动项目、设施、设备、维修等）、影视、交通、旅行社、导游、纪念品、餐饮业、社区服务以及由此连带的产业群。休闲产业不仅包括物质产品的生产，而且也为人的文化精神生活的追求提供保障。

简单地讲，所谓休闲产业，指的是与人的休闲生活、休闲行为、休闲需求密切相关的产业领域，特别是以旅游业、娱乐业、服务业为龙头形成的经济形态和产业系统。

研究表明，人均收入为 50～200 美元的前工业化时期，人们迫于生存资料压力的有形劳动，休闲活动较为单一，其多样化受到抑制；在人均收入 200～600 美元的早期工业化阶段，随着大规模商品消费与人口增长，以及流通、金融、房地产和保险等领域的扩张，为休闲产业的多样化提供了一定的发展空间；在人均收入 600～1500 美元的工业化阶段，随着国民收入的提高，人们用于以往较高食物开销的花费逐步减少，取而代之的是衣服、住房和汽车等物质享受休闲品的生产与消费日渐升级；在人均 1500～4000 美元的发达工业化阶段，人们收入境况的改变伴随着寿命的延长以及需求、品位的变化，个性化、无形化的精神享受品的服务需求开始增长；在人均收入 4000～20 000 美元的后工业化时期，多元化的消费需求与消费服务开始纳入休闲经济的宏观视野。

休闲产业作为经济产出的显著变量与文化要素，已成为现代生产力的重要组成部分。休闲产业的兴旺，是经济和社会发展到一定阶段的必然产物，同时，休闲业的发达也会对社会经济的发展作出较大的贡献。华盛顿地区公共策略预测部主席莫利特说，休闲、娱乐活动及旅游业将成为下一个经济大潮，并席卷世界各地。

于光远先生曾说：休闲产业的诞生符合我们这个时代的发展规律。成思危教授也指出，休闲作为一个新的经济增长点，确实是一个很重要的方面。随着科学发展观的全面落实，我国经济社会的发展必将更加健康协调，休闲产业的发展环境将更加宽松良好，休闲大众化的巨大商机终将转化成为巨大的社会财富。休闲消费能有效地促进生产。随着人的休闲观念发生本质的变化，休闲的经济意义日益增加，休闲会变成经济发展的重要力量。休闲的经济意义远远超出消费和工作职位所能衡量的范围，人们大部分的消费开支都是在休闲时发生的。据调查，在我国城市居民的消费欲望增长中，休闲消费的增长是最快的。而休闲消费又会转变成就业机会。在经济产业结构中，休闲产业的从业人员的比例将大大增加。英国伦敦休闲文化产业就业人数和产出量超过金融业。美国现在单项出口产业不是汽车、飞机或电脑，而是包括电影、电视在内的娱乐业。

在我国，支持休闲产业发展，有利于增加社会财富，拓宽就业门路，促进社会经济的全面发展。可以这样讲，随着休闲产业的发展以及传统旅游向现代旅游方式的转化，因其所需相应的投入，为体育旅游的兴旺奠定了必要的物质基础。

总之，由于人们休闲时间的增加、休闲市场的发展、休闲消费观念的成熟，人们对于休闲活动空间的要求也会大大增加，休闲生活的层次也会越来越高，为引导体育旅游等休闲文化活动的开展提供了更广阔的舞台。

第二节　数字经济驱动的体育旅游活动丰富社会休闲内容

马惠娣在《未来 10 年，中国休闲旅游业发展前景眺望》一文中说：旅游作为一种社会现象，自从劳动者被赋予带薪休假的权利以来，使得旅游从休闲阶层的有限范围进入社会经济生活的普遍范围内，旅游有了广泛性。旅游是人们的物质生活发展起来之后的一种文化生活需要。但是，随着时代的发展，传统旅游的功能难以适应人们的需要。因此，应赋予旅游更多的内涵。提出休闲旅游，更多的是强调一种个体与群体间的文化氛围、文化经历、文化体验、文化传播、文化欣赏，不仅能满足人的感官需要，更能满足人的心理需求和精神需求。随着经济的发展，选择旅游作为一种休闲方式已成为比较普遍的行为方式，让出门旅游成为人们感受文明、融于自然、理解文化、陶冶性情的一种综合的休闲方式，将休闲旅游变成社会文明的一份动力已成为时代的需要。

体育旅游作为休闲的内容之一，是一种满足人们享受和发展需要的活动，体育旅游要为满足人的娱乐与健康需要、促进人的自由全面发展而服务。发展体育旅游的意义不仅在于其对传统旅游方式的冲击，而是在一定程度上改善与丰富人们休闲的形式与内容。

我们一说到体育旅游，往往就会联想到那些刺激冒险类或挑战极限类的活动，因而感到它离大众参与较远。实际上，体育旅游是多样性的，它不仅包括上述难度较大的内容，也涉及群众喜闻乐见、轻松愉快与赏心悦目的活动，并已在全国各地陆续开展。例如：

钓鱼旅游。青岛、烟台、无锡等地旅游部门相继开展钓鱼活动，提供钓具和各种条件，供旅游者享受垂钓之乐。钓得鲜鱼，还可以就地烹饪品尝。

漂流旅游。位于广东乐昌市北部的武江上游的九泷十八滩，这一带河段滩多水急，曲折蜿蜒，漂流线有 9 个水段和 18 个浅滩，全长约 50 公里，河流上下落差 130 米。此外，还有神农溪、楠溪江等名胜，也先后推出有惊无险、情趣盎然的漂流旅游。

骑马旅游。内蒙古地区的旅游部门，备有驯服调教好的骏马，供旅游者租骑。旅游者可以在草原上策马驰骋，欣赏壮美的草原风光，走访蒙古包和民族餐厅，观赏蒙古族骑手精湛的马术表演和套马比赛等。

滑沙旅游。河北昌黎县东南渤海湾畔，这里海岸线长达 20 公里，远处碧海帆影点点，岸边蜿蜒的沙丘如黄龙横卧，高 40～50 米，坡度在 20 度以上，沙子细腻晶莹。游人坐在一个特制滑具里，便可从沙丘顶端顺 35 度沙坡飞驰而下，150 米的高坡，转眼即可滑完，速度在每秒 10 米以上。

体育旅游不仅可以丰富休闲活动的内容，还可以促进地方经济的发展。大型赛事则是体育旅游最直接、最强劲的拉动力，其含金量也早已为各国实践所证明。以著名的比赛车为例，最先开展比赛车的英同银石赛道，每年的综合收益达 3000 万英镑。2000 年 F1 马来西亚站比赛期间，餐饮、宾馆、交通、娱乐、服务等行业总外汇收入将近 1.75 亿美元；澳大利亚站的收入更是超过 2 亿美元。

同年的上海杯赛事是中国有史以来现场观众人数最多的单场比赛，而门票收入达 3 亿元，这也是中国有史以来票房收入最高的体育比赛。经粗略估算，仅三天 F1 就为上海酒店贡献了 2.1 亿元的房费收入。加上 F1 车队的贡献，上海酒店业在 F1 赛事前后 5 天房费进账达 2.25 亿元人民币。除酒店业外，超过 15 万人次的观众，在比赛的 3 天共为上海交通运输部门贡献 1200 多万元。

奥运会的国际性、综合性和大型化等特点，将会极大地刺激以旅游业为龙头的休闲产业的发展。由于举办奥运会需要全社会各个部门的参与协作，于是也就带动了相关部门，特别是休闲旅游业、电子、通信、体育用品等产业部门的发展。与此同时，在筹办奥运会的过程中，各种体育、体育用品、娱乐、交通、通信、服务设施的营建，休闲旅游服务人员的培训等，都需要投入大量的劳动力。如洛杉矶奥运会创造就业机会 2.5 万个，汉城奥运会给 3.4 万人提供了工作。

奥运会举办城市将成为全世界关注的热点，会吸引世界各地的人前来观光旅游。2000 年悉尼奥运会除了万余名运动员、官员以及 12 000 名媒体记者外，到达悉尼的海内外游客达 100 多万（其中有 25 万名海外游客）。在奥运会的 16 天内，由于大量海内外游客的到达，同时给商业、娱乐业、饭店餐饮业、休闲旅游服务等行业带来了效益。

实际上，不仅是大型赛事所带动的体育旅游，可促进社会经济和休闲产业的发展，各类体育旅游的开展也同样会产生不同程度的社会和经济效应。为此，许多专家学者在不同的场合呼吁要大力发展体育旅游业。

云南发展体育旅游业具有独特的自然环境、社会人文环境、民族体育资源与探险娱乐运动资源等良好的资源配置条件。云南在发展自然风光旅游和人文旅游的同时，大力开发体育探险、康体休闲娱乐、民族体育风情体验、运动竞赛与训练跨国境的漂流、登山、汽车自驾游等多种体育旅游产品,将云南打造成"体育旅游的胜地"与"户外运动的天堂"。

除专家学者对体育旅游的发展普遍看好外,有关管理部门也开始关注体育旅游业,有些地方甚至将体育旅游确定为当地经济发展的支柱产业。四川省体育局还由局长挂帅,专门研究本省体育旅游的发展问题。

重视体育旅游业的发展是有其依据的。从体育产业发展的背景分析,我国体育产业已经逐渐形成规模,体育消费也逐渐发展成为新的消费领域,在满足城市人们健身娱乐需求、推动国民经济增长等方面发挥了重要作用。由于体育产业与旅游业之间存在着较强的关联,因而体育旅游消费(包括物质产业和服务产品)在中国大中城市逐步成为新的消费热点。据国家信息统计,2017—2022年的5年间,我国城镇居民在运动娱乐方面的人均消费支出已从84元增加到211元,年平均增长20.2%。在新时代,随着居民收入水平和生活质量的提高,人们用于此方面的消费也会逐步增加。休闲娱乐和体育消费是顺应我国居民消费结构变化规律的、有增长潜力的服务性消费,它在新时代的持续活跃是必然的、不可逆转的。

体育行业与其他行业的产业关联度如表 8-2-1 所示。

表 8-2-1　体育行业与其他行业的产业关联度

部门产业	机械	食品业	建材业	交通通信	服装业	旅游业
关联度	0.006	0.012	0.13	0.121	0.15	0.23
关联强度	弱	弱	强	强	强	强

(资料来源:《中国体育报》2022 年 4 月 7 日)

从旅游业本身发展的趋势来看,正如北京大学旅游开发与规划研究中心主任吴必虎博士所说,中国旅游正从初级的观光型向高级的度假型跨越。他认为,中国的旅游产品和旅游方式已经或将要经历三大变迁阶段:第一个阶段是从1978 年到 90 年代初,比较流行旅游质量比较低的观光旅游,游客像"赶场子"

一样，来去匆匆，到一个地方算一个地方；第二个阶段是 90 年代后期以来，旅游的品种日渐多样化，将观光、度假、文化休闲旅游等旅游产品组合起来提供给消费者，游客开始有能力并懂得休闲，享受吃、住、行、游、购、娱等当中的乐趣；第三个阶段是到 2020 年到 2030 年，为了满足国人对各种旅游产品个性化、多元化的更高需求，旅游产品将提升到以度假休闲旅游为主的时代。按吴必虎博士的说法，度假旅游是比较高层次的旅游，它应该是小康社会中不可或缺的居民生活属性的一部分，也是未来中国旅游方式和内容的发展趋势。目前已经逐渐兴起了自行车户外旅游、自驾车旅游、探险旅游、长途度假旅游、森林徒步自助旅游等新的旅游项目，这些都是比较富有现代感和个性化的旅游方式。

体育产业与旅游业都是具有很强的关联效应的产业，可以提供大量的就业机会，具有吸纳较多人群就业的特点，体育产业与旅游业的发展一样，可在一定程度上缓解"就业难"的问题。例如，举办奥运会可以拉动与此密切相关的电子信息、环保产业、文化产业和旅游服务等产业的发展，由此产生 100 多万个新职位。可以断言，体育与旅游结合所产生的体育旅游业，作为休闲业中的一部分，其发展定会为社会就业作出贡献。

在社会闲暇时间迅速增加的条件下，人们参与诸如旅游、娱乐和形式多样的体育活动等来恢复自己的体力和智力，促进自我能力的提高和自我发展。据中国经济景气监测中心的调查：在 20 世纪末与 21 世纪初，我国城市居民大约有 67.9% 的喜欢体育运动；71.4% 的居民通过电视关注体育运动；32.9% 的居民在体育服装上有支出；30.2% 的居民在体育书籍、报刊上有支出；7.2% 的居民购买过体育赛事的门票。可见，体育已经逐渐成为大众所接受的闲暇消费重要产品，成为人们在闲暇时间里一种新的活动内容。人们通过选择并参与各种体育活动，改变过去比较单一传统的生活方式，逐渐形成先进的且适应现代社会生活的新型生活方式。在这种背景下，体育旅游能向大众提供多种体育与旅游结合的产业，以高尚的文化内涵使休闲生活内容更加多姿多彩，以满足大众在精神上的需求和更好地度过闲暇时间。

部分西方发达国家体育产业就业情况（2022）如表 8-2-2 所示。

表 8-2-2　部分西方发达国家体育产业就业情况（2022）

	意大利	英国	法国	德国	加拿大
从业人员人数	213 120	261 670	295 525	604 000	94 961
体育从业人员 / 全国从业人员的比例	0.9%	2%	1.4%	0.91%	0.7%

（资料来源：European Commission-DGX: Sport and Employment in turope, Final Report Sep.2022）

第三节　数字经济驱动的体育与旅游

先说体育。体育是人类在生产生活中产生出的多以健身的自然活动为主的一种特殊社会文化活动，它具有游戏、娱乐、健身、冒险等多种特点与功能。体育活动需要人身体的直接参与，这样可使健康、力量、审美、气质、性格、智慧等这些与身体最为密切的素质得以锤炼。总之，体育活动是人类所独有的一种特殊的娱乐方式，由于其本身的特点和功能，在人类社会文化娱乐的诸种方式中独占鳌头，成为人们生活的一部分。

体育这种对人身心具有积极影响的活动，无论是过去、现在还是将来，都对人们休闲生活有着重要的意义。从工作中解放出来的自由时间，如果是进行自发的娱乐活动，那么必然要产生是做些什么样的活动好，或是随便来个的想法。

不过，这个自由时间由于是人们得之不易的空闲，绝不能随便地浪费。体育这一身体娱乐，可以作为最本质的活动来予以推荐。体育运动是以娱乐的形式进行最理想的活动方式的运动。

体育活动的开展与社会休闲的方式及其构建的可能性是不可分割的。按照杰弗瑞·戈比的解释，所谓休闲即指一种文化环境和物质环境的外在压力中解脱出来的，相对自由的生活。这个定义尽管没有提出诸如自由时间、非工作活动、自由感、活动方式等概念，但包含了这些概念所能表达的内容：休闲总是在空闲时间里，相对自然地做自己喜爱的事情或者从事自己喜爱的活动，以获得良好的心态。

根据对休闲这一概念及其内涵的分析可以得知，"休闲"至少有自由时间，这个时间是指个人可以随意支配和使用的时间，即指工作和生活必需的时间之外的空闲时间。

（1）活动方式：通常指"在尽到职业、家庭与社会职责后，让自由意志得以尽情发挥的事情，它可以是休息，可以是娱乐，可以是非功利性地增长知识、提高技能，也可以是对社团活动的主动参与"。

（2）精神状态：个人参加活动的全过程所持有的态度、兴趣，以及由此产生的自由感、从容感、愉悦感。

（3）经济能力：在经济社会中，个人所具有的获得生活资料的手段、方法和技能。

（4）活动空间：没有压力的活动环境。

从休闲的基本构成要素来看，体育只是其活动方式之一。正如罗歇·苏所指出的那样：一项体育活动是一种精神和生理解放。劳动必须服从并有用于生产过程，与此相反，体育没有任何明确的用途，是无目的的能量消耗。我们这里不打算评价罗歇·苏的体育认识和理解，但我们却可通过这种解释看到体育，特别是体育娱乐的内涵。从本质上讲，体育娱乐的实践往往是休闲的基本构成要素相互作用的结果。其实，这种状况正是社会发展的必然。

生产方式决定生活方式，或者说社会生产方式是人类全部社会生活的基础。这是马克思主义的基本观点，也是社会历史发展的基本规律。考察每一次革命的成果时就会发现，新的生产技术不仅是人的体力的扩展，而且也是人类智力的延伸。高度智能化、自动化的生产方式将改变人们的工作方式和状态，把人类的身心从工作中解放出来，使人们有了参与休闲娱乐的可能性。

在社会工业化和自动化程度日益提高的今天，尽管人们的体力劳动在不断地减轻，但竞争和高效率使社会紧张因素也不断地增强。一方面，人们普遍对机体的运动需求和精神上的放松平衡的需求日趋强烈；另一方面，由于科技进步和社会生产力的发展，人们在获得日趋丰富的生活资料的同时，还拥有了越来越多的空闲时间，更多的人开始面临如何消遣这些时间的问题。美国休闲教育家托马斯·古德尔指出："人人都会拥有空闲时间，但并非人人都能够拥有休闲。空闲时间是一种人人拥有并可以实现的观念，而休闲却并非每个人都可以真正达到的人生状态，因为休闲不仅是一种观念，而且更是一种理想。空闲是只是计算时间的一种方式，而休闲则涉及存在状态和人类生存的环境。"

社会需求和社会问题导致了满足和解决方式的寻觅，人们企图从各种各样的社会活动中寻求那种既能使机体得以适当的运动，又能使精神获得松弛，同时还能有益于休闲的多功能活动方式。于是，体育娱乐活动便顺其自然地随着社会的发展而被推至人们社会生活的舞台前沿，成为人们满足其需求的必要手段和方式。

如果说人们过去对体育娱乐活动的认识只是处于一种朦胧与无意识状态的话，那么时至今日，出于人们对体育娱乐活动的需求日益加强，认识程度也从无意识状态上升到有意识追求的境地。

在人类社会漫长的进化过程中，体育经历了从原始体育、古代体育、近代体育到现代体育的发展历程。无论是何种阶段的体育，休闲与体育一直保持着紧密的联系。在古希腊时期，雅典人是过休闲生活的典型民族，午前办理公务，午后便在角力场和体操馆享受余暇。那时，体操馆是一般市民的公共设施，有运动场、散步道和讨论会场，大家集中在这里通过体育运动或者讨论来度过闲暇。在我国，蹴鞠（足球）、竞渡（赛龙舟）、投壶、秋千、棋戏、击鞠（马球）等都是我国人民在休闲生活中喜好的体育活动内容，"斗鸡，蹴鞠，走解，说书，相扑台四五，戏台四五，数千人如蜂如蚁，各占一方"。表明体育在当时人们休闲活动中的地位。中世纪时期，尽管许多体育活动被禁止，但是一些诸如击剑、马术等非正式的体育比赛还是经常在节假日等人们的休闲时间里举行，成为人们度过休闲时光的主要方式。

文艺复兴、宗教改革、启蒙运动和资产阶级工业革命推动了近代体育形成与发展。作为近代体育三大支柱之一的英国户外运动，它的繁荣与发展与英国人休闲生活密不可分。每到节假日、教会祭日、定期举行的集市贸易日等休闲活动的日子里，户外体育游戏活动是不可缺少的内容。狩猎、射击、钓鱼、登山、田径、足球、游泳、划船、高尔夫球、曲棍球等，成为大众喜爱的活动内容。为了能够增加娱乐兴趣，提高观赏性，一些体育活动有了比较正式的规则，一些非正规的体育组织孕育而生，有许多活动成为现代田径、球类和水上项目的"母体"。可以说，英国的户外运动为现代体育形成与发展打下了良好的基础，促进了现代休闲生活的发展。

现代社会是经济、政治、文化、科学技术高度发展的社会。体育的繁荣与发展是现代社会的一个重要标志。各种体育书刊的急剧增加，电视机、电脑的普及，互联网接入千家万户，使体育信息量不断增加，体育正以前所未有的速度在人们生活中传播，影响越来越大。"体育生活化"成为一种趋势。休闲时间的增加，休闲设施的改善，休闲观念的改变等为人们更好地享受体育活动的乐趣打下了基础。过去曾经是一些"贵族体育"的项目，如高尔夫球正逐步走进寻常百姓家。有关资料显示，美国每年有2000万人参加这项运动，日本爱好者也有1000万人，澳大利亚平均1万人就有一个球场。"就在不到150年前，很多体育项目和健身活动，像高尔夫球、网球、帆船、游泳、滚轴溜冰以及自行车等，几乎都是富人运动。例如，1880年，一辆自行车售价为100~125美元，在那个年代，这样一笔钱已经是一笔不小的财富了"，而现在"任何普通人都能够参与了"。

体育全球化及其国际文化交流进一步密切，一些特殊的体育项目也在社会中迅速传播，如体育舞、健美操等。在我国，沙滩排球、壁球已经成为人们休闲生活的新内容。一些新体育活动也雨后春笋般地发展起来。例如，20世纪90年代初，在美国、新西兰、法国、英国等国家相继兴起了一种"俯冲跳"（蹦极跳），现在每年在这些国家从事这项运动的有数十万人。冲浪、滑板、攀岩、滑翔、激流皮划艇、水上摩托、轮滑、花式自行车等这些被称为"极限运动"的项目，也正以飞快的速度在社会推广，成为人们热衷的休闲活动内容。

不仅如此，体育与其他一些休闲活动的联系也更加紧密。例如，体育消费比重在人们的休闲消费活动中正逐步增加。有资料表明，在经济发达国家，人们日常生活中用于体育消费方面的开支通常占整个社会消遣和娱乐消费的30%~

40%。有关资料显示，美国人在参加休闲运动时，用于购买用品和器材的费用在1995年就高达3500亿美元。若将它转为就业机会，以4万美元一个工作职位计算，共创造了875万个职位。

再谈旅游。旅游是人类社会经济发展到一定阶段的产物。在人类历史上，人们有意识地外出旅游最初是由产业或商品交换引起的。随着三次社会大分工的出现、私有制的产生，生产的产品出现了剩余，产生了商品交换，形成了对旅行经商和外出交换产品的需要。它始于原始社会末期，在奴隶社会得到了迅速的发展。在封建社会时期，商品生产和商品交换的范围和规模进一步扩大，使经商旅行又有了新的发展。与此同时，这个时期内各种非经济目的的旅行活动，如帝王将相的巡游、文人墨客的漫游、贵族子弟的求学等也相继开展，但由于参加者人数很少，不具有普遍的社会意义。

18世纪60年代开始于英国的产业革命，推动了古代旅行向现代旅游的转化。产业革命加速了社会经济的发展和城市化的进程，促进了科学技术的进步，火车、轮船的问世，使大规模的人员流动成为可能，也使人们外出旅游消遣和度假的意愿日益强烈。正是在这种社会背景下，英国人托马斯·库克于1854年创办了世界上第一家旅行社，创立了旅行社的基本模式，从而开创了旅游业的先河，随后在欧洲其他国家和美国也相继成立了类似的旅行机构。旅行社作为旅游媒体，其出现标志着现代旅游业的形成。

第二次世界大战后，在科技革命的强力带动下，世界经济高速增长，人民生活水平不断提高，带薪假日在西方国家普及，汽车和飞机代替了火车和轮船的传统地位而成为主要的旅游交通工具，大众化的群体旅游迅速形成规模，各国政府对旅游业的经济意义普遍重视，出现了"大众旅游"的新局面。它标志着现代旅游的产生和发展。

现代旅游是一种大众旅游，已经发展成为一种全民性的活动，成为现代人们的物质和精神生活的必要组成部分。作为一种大规模的社会文化活动，旅游活动具有区别于人类其他活动的根本性质：

（1）旅游是人类的一种以审美为特征的休闲活动。追求美是人类文明的主要特征。在旅游活动中，通过美的感受——游览名山大川、欣赏文物古迹、体验风土人情等，达到陶冶情操、愉悦身心、增长见识的目的。旅游活动的审美情趣是丰富多彩的，而旅游这种审美活动作为人们物质生活水平与文化生活追求提高的表现，必须以闲暇时间为前提。

（2）旅游是人类的一种高层次的消费活动。旅游需求是人的总体需求的一个组成部分。当人们在满足日常的衣、食、住、行等需求之后，便会自然而然地追求更高层次的享受，产生了旅游的需求。

在旅游活动中，人们的社交、尊重和自我实现的需求都可以得到充分的体现，这是生活需求层次提高的表现，是一个高级的消费活动。

旅游的本质决定了其具有休闲、消费两大基本属性：

一是休闲属性：旅游是生活的休闲阶段。旅游者在目的地停留期间，除了衣、食、住行这些满足生理需要的活动之外，所有其他活动几乎都是休闲行为，包括观光、游览、与人交往、室内消遣、体育锻炼、观看演出等。旅游者在游玩的全过程中，自由开放的随意性和畅游自娱的目的性占据着主导地位，表现出与一切休闲行为相一致的品质。

二是消费属性：人的活动包括两大领域，即生产领域和消费领域。生产领域肩负着物质生活资料和精神生活资料的生产使命，而消费领域是出于维持个体生存，保证劳动能力的再生产乃至实现个人社会发展等目的而对生产活动的成果的耗用。旅游在其全过程中不向社会，也不为旅游者个人创造任何的可供消费的资料，所以，旅游无疑是一种消费行为，而非生产行为。但旅游消费的确有着不同于日常消费之处，突出表现在重视精神内容、追求审美体验。

体育与旅游结合所产生的体育旅游，即人们利用体育资源和旅游资源，以参与或观看体育运动为目的，或以从事某种体育项目为主要内容的旅行游玩活动。从广义上讲，体育旅游是旅游者在旅游中所从事各种身体娱乐、身体锻炼、体育竞赛、体育康复及体育文化交流活动等与旅游地、体育旅游企业及社会之间关系的总和。

体育旅游之所以成为新潮，并折射出强大生命力。除其本身最接近自然，最容易被现代化条件下的人民群众所接受外，还有其自身的独特之处。体育旅游首先是体育与旅游相结合，满足人们健身娱乐的需求；其次是体育活动具有广泛的外延，其丰富的内容让参与者容易找到切入点，能满足个性化的需求；最后就是体育旅游具有可重复性，消费者更加注重的是休闲体育旅游的过程。

体育旅游是以娱乐身心、发展自我为主要目的的体育活动。体育旅游强调的是回归自然，身心放松，强调活动的乐趣。体育旅游的形式不拘一格，内容丰富多彩，从传统体育项目如球类、田径，新兴体育项目如攀岩、蹦极、滑翔到人们日常生活中的远足、骑车、慢跑等都是休闲体育的内容。体育旅游特点是大多数项目专业性不是很强，对技术、场地设施的要求不是太高，给人的感觉是自由自在，强调活动的自由性和乐趣。基于此，体育旅游正逐步得到了人们的喜爱。与亲朋、好友、家人、同事一起徒步去郊游、登山、远足成为人们节假日必需的生活内容。

随着社会机械化、电气化和自动化程度的提高，现代化交通工具的普及，以及信息技术的发展，人们从事各种体力劳动的机会和时间大大减少，加之社会竞争和环境变化给人造成压力的增大，人们越来越寻求通过体育运动来促进健康、缓解压力、度过余暇，体育旅游将是未来体育发展的发展趋势之一，它将在今后人们的休闲生活中占据重要地位。21世纪将是一个休闲的时代，人们会更多地用休闲用来满足在个人生活中占核心地位的兴趣和爱好，而很少把休闲当作工作后的消遣和恢复。

旅游业是仅次于信息、石油之后的第三大产业，每年都会有50%以上的人进行旅游活动。而在世界旅游群体中，以消遣娱乐、健身康复为目的的旅游者所占比例最大，他们中每4位就有1位在出游时寻求参与体育活动。为了适应形势的变化，商家和旅游胜地开始兴建各种体育设施，如高尔夫球场、滑雪场、水上运动场等，开发各种特色体育旅游项目。而被誉为"未来体育运动"的极限运动在20世纪90年代后迅速发展，目前全世界参加极限运动的人数以百万计，仅在美国，滑冰爱好者就有10万人，滑板爱好者多达920万，各种极限公园有5000多家，极限运动成为城市文化的重要组成部分。在国内，到20世纪90年代末，大小城市的极限运动开展得极为广泛，到处都可以见到参与轮滑、滑板的人们，攀岩俱乐部、滑翔俱乐部也比比皆是。

在竞争日益激烈的城市社会中，市民尤其意识到健康的可贵，花钱买健康已经率先在城市中兴起、发展成为一种趋势。在这种情况下，体育旅游作为一种健康、科学、文明的休闲方式，作为提高市民生活质量的有效途径，作为弥补城市人"运动少、健康差"和释放压力的一种特殊渠道，受到愈来愈多市民的推崇和青睐。

第四节　数字经济驱动的体育旅游的功能与作用

一、数字经济驱动的体育旅游的功能

（一）具有教育、求知的功能

通过体育旅游，人们可以了解大自然，洞察社会，探索奥秘，"读万卷书，行万里路"就概括了体育旅游在增进学识和才干方面的作用。体育活动中旅游者与各种事物接触，与各种人物的交际，从而开阔了自己的视野，并能学习到社会科学和自然科学的多种科目，如地理、历史、天文、生物、考古、艺术、建筑等，只要稍加留意，体育旅游者就能学习到许多有益的知识。

借助于体育旅游，以大自然为课堂来讲学议论，传经授道。早在我国古代东周时期，社会上就兴起了一股投师问学的风气，孔子就是这个时代的先进代表。孔子从56岁到70岁，率弟子周游列国，朝秦暮楚，以游学、游说、游历、游览或旅居的方式，传播自己的思想并教授学生做人的道理。如《论语·先进》中，孔子问曾："点，尔何如？"鼓瑟希，铿尔，舍瑟而作。对曰："异乎三子者之撰。"子曰："何伤乎？亦各言其志也。"曰："莫春者，春服既成：冠者五六人，童子六七人，浴乎沂，风乎舞雩，咏而归。"夫子喟然叹曰："吾与点也。"这段话的大意是孔子与子路、曾晳（又称曾点）、冉有、公西华一起游学。孔子问曾晳，"你的志向是什么？"曾晳正在鼓瑟，见老师问他，立即放下瑟，回答道，"他们三人都有济世的才能，而我却没有。我不过是在三月暮春的时候，换上春装，同五六个青年，六七个少年，到沂水中游水洗澡，又到祭天求雨的舞坛上让风吹拂我们的身体，彼此唱着歌回家。"孔子听后，感叹道，"我的志向与曾皙一样呀。"从这段启发式的教学看，表达了师生一种向往大自然的乐趣，也反映了当时的人们就已将体育旅游作为修身养性、健康体魄、陶冶性情的生活方式。

（二）具有促进人际交流的功能

由于体育旅游的内容多样丰富，随意得体，因此，人们在自由选择、参加自己喜欢的活动时，可以与外界许多身份、年龄、性别不同，但爱好相同的人聚在一起。在体育旅游中，人们的精神、心理和身体比较放松，气氛也相对融洽，因此有利于结识新人、拓宽社会交往、消除隔阂，增进人们的情感交流，丰富精神生活。

对于家庭来说，在余暇时间里，家庭成员欢聚一堂，共同参加体育旅游活动，不仅可以活络筋骨，强身健体，还可以丰富家庭精神文化生活、活跃家庭欢乐气氛、融洽家人感情、强化家庭凝聚力、使家庭充满活力、和睦团结，从而实现社会的和谐稳定；对于单位或企业来说，在闲暇时间，组织内部成员参加体育旅游活动，有利于沟通思想、消除隔阂、弥补裂痕，促进成员间的相互了解和信任，有助于提高团队的工作效率和外部竞争力。

（三）具有健身康复功能

在当今社会，信息化、知识化、科技化和网络化在社会生活中兴起和发展起来，而高效率、快节奏、激烈竞争成为现代社会生活的真实写照。精细的分工、高强度、高密度的劳作，知识的迅速膨胀、更新和传播最终导致时空的压缩和失范，使生活、工作、学习在城市中的人们陷入越来越紧张、疲惫和焦虑的环境之中。"紧张"成为现代各种流行病的潜在因素，"焦虑"成为心理疾患的主要杀手。为了摆脱日常学习、工作和生活的高压，既需要一种消除焦虑的心绪，也需要一种规避亚健康的心境和环境，给紧张的精神提供一副"缓解剂"。而在自然环境中进行体育活动，就可以帮助人们摆脱日常生活中的紧张和烦恼，将身心投入体育活动中。

由于能与大自然接触，欢乐和健康以及情感交流都会成为生活的积极因素，因此所产生的消除紧张烦躁情绪，振奋精神，磨炼意志，减少压力，蓄积能量等作用是一般休闲活动所难以比拟的。

现代城市的居民由于工作，生活节奏的加快以及压力的变大，常会出现诸如血液循环流通差、心脑血管隐患、消化系统经常紊乱等健康隐患。因此，经常参加体育旅游活动，对人体的神经、血液循环、呼吸、泌尿、骨骼、肌肉等系统的功能、结构都有良好的促进和改善作用。特别是，通过合理的、经常的户外体育旅游之后，人的神经系统机能将得到明显改善，对致病因素的抵抗力以及对各种外界刺激的适应力也都会有明显的提高。

二、体育旅游对身体的康复作用

（一）维持环境与机体的生态平衡，增强机体的适应能力

增强机体对外界的适应能力，是体育旅游康复的主要作用。例如，人与气候的关系密切，充分利用气温、气压、风向、风速、降水、日照、空气、离子等气候因素作为康复疗养因子，可以促进机体适应各种气候变化，调整机体的基础代谢，达到治疗疾病的目的。

（二）提高机体免疫力

据研究，各种自然因子均可通过神经内分泌系统和血液系统等的作用，提高机体排出一切有害异物的防卫功能，即增强皮肤的障壁功能、细胞免疫和体液免疫功能。空气中的氧能促进免疫细胞吞噬杀伤作用；负离子能增强网状内皮系统功能，促进骨髓造血功能，改善贫血和加速伤口愈合。日光浴可激活网状内皮系统，增强抗体和体液凝集素等。医疗矿泉能使一些慢性病患者的免疫功能指标恢复正常。在海滨凉亭休息可以增强白细胞的吞噬功能和抗菌功能。观赏优美风光和优雅的名胜古迹，不仅使疗养员赏心悦目，陶冶情操，而且能使人振奋精神，使交感神经兴奋性增高，从而提高各种免疫功能。

（三）加强机体的代偿功能，促进疾病康复

疾病是外界因子与机体间相互作用的结果。病变的程度主要取决于外界环

境的刺激强度和神经系统的调节功能，尤其是大脑皮质的机能状态。疗养因子可作为刺激物，作用于机体，使外部环境与人体之间保持新的平衡，加强保护性抑制，并通过对自主神经内分泌功能的影响以及对组织细胞的直接作用，并增强酶的活性，提高膜的通透性，改善氧化还原过程，促进能量合成，从而改善物质代谢，促进机体的代偿、营养、修复等功能的正常化，达到疾病康复的目的。

（四）可有效调节中枢神经系统机能

神经系统尤其是中枢神经系统，对人体器官功能可起着重要的调节作用。对中枢神经系统本身而言，须不断接受来自各外周器官的刺激而保持其自身的紧张度和兴奋性，从而维护其正常功能。旅游，特别是体育性旅游，是一项综合性运动，是以动静结合、以动为主的活动方式，因而对人体是一种重要的心理和生理刺激。它使大脑皮质紧张度得到改善和适度提高，获得新的机能平衡。体育旅游康复运动与其他体疗一样，还可以提高中枢神经系统对某些自主神经和脏器活动的自控能力。

（五）具有改善内脏器官的作用

体育旅游可改善植物性神经系统的机能状态和对脏器活动的调节能力，同时还可加快血流，扩张血管，促进局部和全身的血液循环，有助于改善心肌及其他内脏器官的营养状况，增强心肺和消化器官功能，促进新陈代谢。经常在森林中运动，能使呼吸肌发达，肺泡弹性增强。吸纳气量大，吸氧量增多，为缓解呼吸道疾病创造良好条件。

此外，体育旅游还具有和谐社会的作用。如果不用积极的健康向上的休闲方式来填充休闲，就有可能出现"游手好闲""不务正业""闲而生危"的情形。另外，它还可以回应和冲击城市中低级愚昧腐朽的不良休闲娱乐方式，抵制和减少不良行为的发生，倡导健康文明的社会风气，维护社会安定团结，促进社会主义精神文明的健康发展。

第五节　数字经济驱动的社会休闲与体育旅游的双向性

从文化审美的角度来审视休闲的意义，其对于建构健康、合理的人性，提高生活品质，强调高品位的人生来说，具有十分重要的价值。作为生命的一种形式，休闲在人类文化史、美学史上也占有重要的一席。它是一种富有审美意味的生命形式，是优雅人生的一种美学形态，也是审美人格的一种崇高境界，具有丰富的文化审美底蕴，其功能特点自在强调通过审美化的休闲理念的确立，使生命、生活富有高质量、高品性，使人能够从世俗的功利性事务中摆脱出来，通过休闲的审美方式，补偿、慰藉、修复受损、压抑和分裂的人性，改善人生，提升人生，丰富人生，在主体的人与客体的对象之间，也即在人与自然、人与社会、人与人，人与自我之间，保持平衡，保持和谐，让生命获得文化审美意义上的充实和丰盈。

"和谐"是中国文化的重要思想，其基本精神体现在中国文化的各个领域，其特点是在人（主体）与对象（客体）之间，强调了二者对应、互动、交融的和谐精神，即人与自然、人与社会、人与人、人与自我的四大基本关系中，主张二者之间的平衡、对应、交互、协调与和谐。和谐的，便是健康的。中国文化的和谐思想，同样贯彻在休闲领域，并成为休闲文化的核心理念。如果说休闲的哲学含义是谋求建立人（主体）与对象（客体）之间的良性互动，那么，将和谐思想贯穿在休闲实践之中，便是休闲文化的终极指向，其目的是要建构合理、平和、健康的人性和心灵秩序，建构自然、稳定、有序的客观世界。在人生的实践中，和谐的休闲生活方式，特别强调主体感悟与客观对象的规律、形式保持和谐一致，也即要求理性的内容与感性的形式相统一。在人的主体方面，和谐的休闲方式，所要求的是躯体与精神的统一，而在人与对象方面，和谐的生活方式则是要求人与对象之间应保持和谐一致，和平相处。从实践效果上说，和谐的休闲生活方式是要使主体呈现出自由的、宁静的、愉悦的感受，使客体能给人以轻松、愉快、和谐、舒适的美感。

休闲具有生活价值建构的意义。休闲绝不是单纯的世俗意义上的消遣娱乐，不是游戏人生，不是消极人生。相反，它是一种积极的人生，一种建设性、体验性、精神性的人生，是为世俗生活提供精神性的价值证明。目的是提升当下生活的品格和品质，强化人对精神世界的形上追求与享受，为世俗生活注入无限的生命情趣和生命情怀，获得真正意义上的生命智慧和生命创造力。对于生命价值实现来说，如果说劳动（工作）是生命的一种形式，是人通过劳动（工作）来获得对客观世界的认识和把握，获得认识世界、改造世界的生存与发展的能力和生活保障，那么，休闲即是与之相对应的生命的另一种形式。劳动（工作）是为谋生提供生活保障，是为人类社会发展作出生命的奉献；休闲则是为人类生活和社会发展提供生命的自我实现和生命意义的价值体验与精神享受。作为生命的形式，二者的关系是相辅相成的，其价值和意义在于揭示出劳动（工作）、休闲均是生命形式的构成元素，是实现生命价值、丰富人生实践、推动人类社会发展的生命运动，同时也是提升人的生活品质，构建美好人生境界的一种生命智慧的展现。

建构和谐、健康的休闲生活方式，同时也是人的心理文化结构和人生实践的不可或缺的一个重要部分。的确，生活在世俗社会的人总是容易为了实际目的、功利而忽视了生命的本质，忽视了人生的意义。然而，过分地追求有限的实际目的、功利，而忽视对生命价值的寻求，则常常是缘木求鱼，舍本求末。相反，以和谐的休闲方式，摆脱物欲的羁绊和功利的纷扰，对人生进行审美观照，不断提升生活品质，就能够在人生境界中以"乐而忘忧"的休闲方式，进入人生的审美境界，实现人的身心和谐与全面发展。

健康休闲生活方式一旦建立起来，人们的休闲生活内容必将得到极大的扩张和延伸。体育旅游以其自身的休闲、娱乐、健身、发展自我等性质的优势，和上述健康休闲生活方式的特质相当吻合，定能成为人们休闲生活的首选内容。

健康休闲生活方式包括以下几个前提：一是积极主动的，指的是主动参与的休闲方式，人们在主动参加这些自己乐意参与的活动的同时，常常能充分享受到活动的乐趣，并能在参与过程中，学到一些知识或得到一些体会。二是能够愉悦身心，获得快乐的感受。休闲是可自由支配时间的利用，是从事自己真正想做的，一般与工作、义务无关的，并能从小获得愉悦的一种活动。在现代社会的人们承受着紧张的工作和来自生活及职业环境的巨大压力，往往造成精神紧张，心理负担过重，情绪不稳，这就需要休闲来娱乐身心，放松过度紧张的神经。所以，愉悦身心是健康休闲方式的最基本要求。三是有利于身心健康的。在人们日常紧张的工作后，需要的是放松的，有利于身心健康的休闲方式，来积蓄能量，如果是疲劳的，有害身体健康的休闲方式不但达不到休闲的目的，反而会雪上加霜，让身体更加疲惫。四是对社会、他人不造成危害，如赌博、损坏公共财物、破坏环境等活动当然属于不健康的休闲方式。健康的休闲方式能焕发人们精神，净化社会风气，构建和谐的人际关系，从而有利于推动社会精神文明建设和构建和谐社会。

体育旅游促进健康休闲生活方式的良性发展主要体现在以下五点：

第一，体育旅游作为大众休闲活动，没有竞技比赛中激烈的对抗性和功利性。因此，精神上一般不需负担任何胜负的责任与压抑，使人易于处于一种生动、轻松、快乐、舒畅地享受生活的状态之中，能够帮助人们忘却平时学习、工作、生活中的烦恼、痛苦、焦虑、疲劳和压抑，在精神上获得一种解放感、自由感和欢愉感。

第二，休闲不仅是寻找快乐，更重要的是发掘生命的意义，使生命和生活更充实、更富有、更完满。体育旅游对于建构健康、合理的人性，提高生活品质，强调高品位的人生来说，具有十分重要的价值。它是一种富有审美意味的生命形式，具有丰富的文化审美底蕴，其功能特点旨在强调通过审美化的休闲理念的确立，使人能够从世俗的功利事务中摆脱出来，通过体育旅游，可以补偿、慰藉、修复受羁押、压抑和分裂的人性，改善人生，提升人生，丰富人生，在主体的人与客体的对象之间，也即在人与自然、人与社会、人与人，人与自我之间，保持平衡，保持和谐，让生命获得文化审美意义上的充实和丰盈。

第三，休闲生活方式的价值主要体现在它的个性化上。人们追求休闲生活方式，其主要目的便是能在自我支配的余暇内，发展个性，追求全面，实现完善。但当今人们的一些传统休闲方式，如打麻将、看电视、上网、玩电脑游戏等，往往使人身心疲惫不堪。相反，体育旅游则能弥补这一缺陷，其包括众多的具体项目，既能满足年龄较大，体力相对较弱的老年；也能满足思想解放，观念前卫，追求时尚，善于表现自我的青年；还能满足工作、家庭压力都较大的成年人。既有运动量不太大，危险性较小，安全性有保障的活动，也有惊险刺激的运动项目，因此能够满足各类人群的需求，并能充分体现出个性。

第四，生活方式与人们的健康息息相关。生活方式的变化，包括生活内容，生活领域，生活节奏，行为习惯等的改变，都会引起个人，乃至社会的健康问题。美国流行病所做的医学调查表明，生活方式是影响人们健康的首要原因。例如，美国每年有 200 万人死于不健康的生活方式，主要表现为酗酒、吸烟、生活无规律、营养失控、体育运动不足等。在日本，1975 年企业界的自杀人数是 4429 人，1985 年增至 10 128 人，还有 12 339 人离家出走，此外还有不少人被送进了精神病疗养院。"从某种程度上讲，当今的死因是由人类自己的行为造成后果，正因为如此，许多美国人正在改变自己的行为——减少有损健康的行为，代之以增进健康的行为"。

工作时间的减少，可利用的余暇时间大大增加，在此情况下，如何利用健康的娱乐方式和体育活动去丰富人们的余暇生活，使之有利于社会的稳定和个人的身心健康，成为一个亟待解决的社会问题。

体育旅游是一种主动休息，是一种"站起来的、积极的"休闲方式，也是一种行之有效的身心松弛方法。它既是对身体的锻炼，又是一种心理享受和满足。

第五，体育旅游以多层次的内容满足各类群体的需要。体育旅游的层次性包含了三个方面：一是活动人群的年龄层次，二是活动内容的难易层次，三是活动方式的经济消费水平层次。一般意义上讲，不同年龄阶段的人有着不同的需要和爱好，这种需要和爱好直接影响着人们对体育休闲方式的选择。其包括具体项目众多，年龄较大，体力相对较弱的老年人喜欢钓鱼、自行车骑游、摩托车自驾等活动。有稳定收入，工作、家庭压力都较大的成年人则偏爱环境宽松、条件舒适、设备精良的豪华型体育旅游。思想解放，观念前卫，追求时尚，善于表现自我的青年人更喜欢参加竞技刺激冒险的体育旅游，如探险、漂流、越野、蹦极、溯溪、登山等。在经济上还未独立的少年儿童则可参加一些由父母陪伴的体育旅游活动，以及参与各种"夏令营""冬令营""训练营"等活动。

内容的难度是完成活动所要求的技术标准高低问题，这是一些人选择体育旅游活动方式的依据。这种选择主要取决于活动者对自己的运动能力的评价，个人运动能力较强者，通常会选择一些技术动作难度较大的项目；而个人运动能力自我评价不高者，更愿意选择那些无须多大努力就可以完成的活动项目。

活动方式中的消费具有明显社会分层的特征，其消费水平与个人社会身份和阶层的表征密切联系。一些体育旅游活动方式明显属于高消费，参与者通常须拥有相当大的财力，带有炫耀性消费的特征；而另一些体育旅游活动方式则可能对个人经济情况有一定的要求，既能显示个人身份，也能表现个人的运动能力；一些人更愿意选择那些不需要多少开销，就能开心愉快地活动的项目，他们没有花费更多的钱在休闲活动中。而许多体育旅游项目在开始时总是少数人参与的活动，随着社会的发展，慢慢地大众化并逐渐成为大众消费的一部分。

要使体育旅游真正成为民众休闲活动的组成部分，首先，应当加强休闲教育，培育科学的休闲观。通过系统的休闲教育，使人们树立起正确的休闲理念；养成"工作时间好好地工作，玩的时间好好地玩"的习惯；健康合理地利用闲暇时间；把消遣和提高、娱乐和学习、休闲和健身、游玩和创造有机地结合起来；实现休闲为提高人们的生活质量服务，为促进人的全面发展服务。其次，要大力发展休闲产业，开发和推广健康的休闲产品，满足人们对休闲的多样化需求。要顺应时代发展潮流，开发出能够给人带来身体健康和美好精神享受的休闲产品，同时要提供良好的个性化服务，为消费者提供独特的休闲体验。再次，应加强休闲基础设施建设，充分发挥社区在居民休闲生活中的作用。最后，政府要加强对居民休闲的重视和引导，加大财政投入力度。必须由政府去做的就应当做好，同时政府对社会和企业加以正确引导，并给予相应的政策以保证社会投资的预期收益。

重视休闲、改良休闲的生活方式，是构建和谐社会的重要内容，因而也是社会中每一个人的责任和义务。正因为如此，对休闲及其涉及的方方面面的研究愈显重要。从现在做起，探讨如何创造出良好的休闲氛围，开发有益的休闲活动，改善不良的休闲方式，引导健康休闲消费，这既对社会经济发展有利，也对构建和谐社会和国民素质与健康水平的提高有益。

第九章　数字经济驱动的体育融入农家乐旅游的发展

　　本章为数字经济驱动的体育融入农家乐旅游的发展，共分为四节，分别是数字经济驱动的体育项目与农家乐旅游活动的关联性，数字经济驱动的体育项目融入农家乐旅游的必要性，数字经济驱动的体育项目融入农家乐旅游的可行性，开发模式构建的原则与思路。

　　体育和旅游二者都是通过体力与智力相结合的有关身体的活动，有目的、有计划地改变人的身心状态，使之适应自然环境和社会需要，为完善自我、开发潜能、增强体质、提高生活质量而取得物质文明和精神文明相统一的综合效果的社会实践活动。二者都具有丰富人们文化生活，满足人们不断增长的发展和享受需要的作用，是人类文化生活中不可或缺的两种重要活动形式，具有相互关联、相互交融、相互影响、协调发展的关系。

　　满足现代社会人们对体育的热情和需求，在农家乐旅游形式的活动中设置体育休闲活动内容，推广乡村体育旅游的开发，是有客观现实依据的。

第一节　数字经济驱动的体育项目与农家乐 旅游活动的关联性

在物质生活达到了一定的水平以后，人们希望的是身心健康，精力充沛，具有良好的社会适应能力。旅游和体育锻炼这两种源远流长的社会文化活动，都成为人们熟知、热爱并自觉不自觉优先选择的实现身心健康的热门途径。或者选择旅游（包括农家乐旅游），在游玩中放松和锻炼，或者选择体育项目，在运动中健身和娱乐，或者把二者结合起来开展活动，最终都达到了愉悦心情、健康身体的效果。应该说，旅游与体育之间不仅有着不可分割的天然联系，尤其是个性化的中短途度假旅游与大众化娱乐性的休闲体育之间更是相互交融，没有十分明确的界限。其关联表现在：

一、综合功能上的关联

功能是在一定时期的实践中人们认识和理解客观事物本质属性的作用的产物，是人们基于客观事物本质属性基础上的主观认识。休闲性体育项目所蕴含的功能，和农家乐旅游活动的功能在一些方面是重合的，可以达到异曲同工的效果。

（一）趣味娱乐功能

随着现代社会物质文明的高度发展，娱乐成了现代人乐于追求的生活目标之一。农家乐旅游的主要目的是游玩，短暂地抛开繁忙的工作和嘈杂喧闹的生活环境，前往乡村观赏田园景色，亲近自然风光，享受自然赋予的清新和幽静，感受与城市生活完全不同的另一面，从中获得新鲜感和乐趣，因而农家乐旅游是城市人娱乐的一种有效的方式。

而健身同样是人们追求快乐之源的最为直接的方式之一。体育运动之所以得到广大群众的喜爱，其原因是体育与旅游等文化艺术活动一样具有较强的娱乐功能，是娱乐休闲的一种极好形式。由于体育休闲的形式多样，使它成为现代社会人们休闲娱乐的重要组成部分。无论是踢球、跑步等有氧耐力型项目，还是参与传统民俗体育活动及徒步、垂钓等自然体验活动或者参与地方特色的娱乐项目，都可以使人乐趣横生、心旷神怡,给个人、家庭和社会带来更多的快乐与幸福。其娱乐功能将会随着人们休闲需求的增长而得到发展与繁荣。

(二)强健身心功能

在信息化、知识化、科技化高度发展的现代社会,高效率、快节奏已经成为社会活动的基本方式。社会竞争激烈、压力过大使人们身心疲惫,身体经常处于亚健康状态。没有时间和场地锻炼身体,体质普遍下降。在电脑前、书桌上长时间工作和学习,视觉疲劳,头晕目眩。被林立的水泥高楼所包围,视野受阻,心绪郁闷。在这样的社会背景下,人们对健身的需求比以往任何时候都更加主动和强烈。农家乐旅游和体育休闲锻炼都可以帮助人们实现身心强健的愿望。

城里人利用周末或节假日走出都市,到乡下呼吸一点新鲜空气,尝一顿农家饭菜,走一走,动一动,不在乎是否风景区,是否人多热闹,更在乎是否有益于身体健康,是否可以调节与消除不良情绪,借此休息以蓄积更好的精神和体力。同样,体育最本质的功能,就是促进人体健康,弘扬生命意义。大众化休闲体育活动可以赋予人类更为和谐完善的生活方式,健康的机体,健康的心理以及对社会的良好适应能力。有研究表明,体育休闲有助于提高机体免疫能力,改善情绪状态,特别是参加快乐活动比参加较少快乐或根本无快乐可言的活动更易获得情绪效益。而体育休闲主要是以娱乐、健康为主的体育活动,既没有竞技体育激烈的对抗性,又可以回避因失败而产生的消极心理,不必肩负成败胜负的责任,无论在精神上还是在体能上都不存在任何压力,可以让人在闲暇时轻松愉快地从事身体活动或观赏性休闲体育活动,从而忘却学习、工作、生活中的一切烦恼、痛苦,获得身心的解放与自由。

(三)教育功能

许多家长、老人带小孩或举家到农家乐出游,潜意识里是想通过这一活动,让自己能感受和回味农村的现实生活,了解当地风土人情、民俗文化,对孩子来说,则是让他们多一些经历和见识,通过亲眼观摩农民的劳作、农业生产过程,体验艰辛的农业劳动和收获的来之不易,学习劳动者们吃苦耐劳、锲而不舍的奋斗精神，最终使自己和孩子都受到教育，从中求知求趣。这表明，农家乐旅游不只是一种简单的休闲娱乐活动，它还可以是一种情感体验，一种人生经历，可以通过这种旅游活动来丰富知识，陶冶情操，提高素养。

体育也是一种教育。首先，体育是一种意志教育。体育运动一般都是要流汗、吃苦的，运动的过程能够培养人们的奋斗精神，鼓励人们不屈服于困难，战胜困难。这与农业生产劳动过程是一个道理。其次，体育也是一种快乐教育。人们在体育运动中不仅仅是吃苦，而是苦中有乐，能获得自我满足的心理体验。最后，体育还是一种协作教育。体育活动大多都是集体性的，有助于训练、培养和增强人们的合作意识，在这种"团结协作"的教育，人们学会怎样与他人相处，学会适当的忍耐和谦让，学会理解别人，并使自己被别人理解，学会在集体中寻找自己的位置。

体育的教育功能与农家乐旅游的教育功能是有着某种相通性的。一些体育活动本身就是农村文化生活的一部分。在农家乐旅游过程中融入和农村生活紧密结合的体育活动项目，可以收到更为丰富有效的教育效果。

（四）交流与沟通功能

快节奏的生活方式，使城市居民整天忙于在工作单位与家庭之间奔波，疏忽了人与人之间的交流；家家关门闭户的生活环境，无形中也阻碍了人与人之间的正常交往，失去很多学习沟通技巧和表达方式的机会。因而人们之间互相交流的需要就变得更加迫切。旅游和体育两种形式，都可以让人们得到在工作和其他社会生活中不能得到的乐趣和满足。

农家乐旅游正是通过为人们提供广阔的乡村场所，为人们集中在一起参与活动，彼此间提供相互交流、倾诉、融洽的机会，在活动中进行愉快的心理释放，从而有效地促进人际交往，提高自身的社会适应能力。

而体育休闲活动的过程，同样能够在人与人之间架起交流与沟通的桥梁，是促进人们友谊和增强团结的有效手段。通过体育休闲活动，可以结识许多不同身份、年龄、性别的人，促进人与人之间的相互了解，改善人际关系，丰富精神生活和增进相互间的感情交流。因而，体育休闲不仅是娱乐、健身的载体，也是消除孤独寂寞、拓展交际、增进情感交流及交友的润滑剂。

（五）审美功能

城市旅游者走出喧嚣的闹市，投身自然的怀抱，既是一种解脱，更是一种人性的回归。倾情于天然田园风光，追寻传统农耕文化，在感受大自然的博大宽厚中体验的是一种超功利的快乐，在人文山水中读出历史和人生的意味。这样的体验无疑是一种精神世界的审美情感。旅游需要归根到底还是人类的审美需要。农家乐旅游固然是物质的消费，但意识深处却是满足精神需求的文化活动和审美活动。

同样，体育自始至终也是一种包含审美情趣的活动。体育不但能促进人体的健康与完美，同时还教会人们用一种百折不挠的精神来激励自己，通过自身的活动与努力，不倦地追求新的希望、理想和人生。在体育运动中，身体得到发展的同时，精神也得到了升华。无论是人的身体还是精神，都散发出一种蓬勃向上的朝气，促使人向着健康健全的方向发展。

二、活动形式上的关联

川西平原农家乐旅游应该定位于它是一种带有浓厚休闲性、娱乐性和趣味性的旅游形式，在这种旅游形式中，活动项目开展和休闲娱乐体育活动的开展适应这个特点，川西平原农家乐在这方面已经做了很多尝试，因地制宜开展一些活动，尽可能吸引旅游者。较为普遍的活动是打牌、下棋、聊天、会友，配备秋千、乒乓球、台球等设施。比较有特色、和当地风俗结合紧密、具有旅游开发价值的传统民俗活动有：爬山、烧烤、篝火、斗鸡、赶车、赛马、游泳、赛风筝、踩高跷、爬竹竿接力等。乡村传统劳作，如推独轮车运货、摘新菜、采菱藕、做豆腐、捉螃蟹、抓泥鳅、踩水车、放牛羊等，既是乡村人文景观中的景致，也是充满生活气息和诗情画意的关乎身体的活动。另外，游客也能借助自然环境开展一些自娱自乐的参与性活动，如园艺习作、攀枝摘果、耕作种植、塘边垂钓，在宽阔的场地、小小的山坡，还可以野外沐浴、林荫漫步、自助野炊。就小型农家乐而言，活动中体育项目少，只有少数大型一点的农庄或休闲度假村，才有一些网球、保龄球、游泳池、高尔夫球等较为高档的体育设施。

上述由农家乐开办的各种类型的娱乐休闲活动，基本上都可以说是体育活动，属于大众化的体育休闲活动范畴。其中的一些民俗活动如赛风筝、爬竹竿、荡秋千、跳绳等，是大众消费层尤其是女性喜爱的体育活动。一些户外活动如步行、登山、野炊、自行车旅行等，始终是最受喜爱的大众体育运动项目。这些活动的共同特点是：简便易行，小型多样，趣味多多，技能技术要求不高，体能消费低廉。在这里，从事力量性练习项目的人几乎没有，尤其是女性，多数人练习的目的就是娱乐、增添情趣和锻炼身体。可见，在农家乐旅游过程中，本身已经包含和开展了体育活动，说明体育活动与农家乐旅游并不矛盾，相反是可以相融相生的。

第二节　数字经济驱动的体育项目融入农家乐旅游的必要性

一、城市文化延伸的需要

有"天府之国"美誉的川西平原，丰饶美好，恬静祥和，在历代文人笔下，向来同富庶、游赏联系在一起。"喧然名都会，吹箫间笙簧"，是诗人杜甫对成都这个"富贵悠闲之都"的感性写照。"成都行乐之习，相沿成风"（宋人田况语），"成都游赏之余"（元代费著语），这些说法，又让历代蜀人的富有、行乐、休闲之态略显一斑。富庶和游赏构成成都旅游的历史特色，并且传承至今。出游寻乐、康体健身，自古至今都是成都人一种富有特色的生活方式。

川西平原四季宜人的气候，良好的生活环境，秀美多姿的景色，浓郁的民俗风情，浓厚的历史文化氛围，无不营造出独具特色的休闲情调，也正是成都人出行游赏的理想乐园。平原核心地带的温江、郫县、新都、双流等地，竹林茅舍星星点点，坪坝菜花连绵成片，池塘垂柳绕堤叠翠，小桥流水温情脉脉，不失为城区外围的绿色屏障和天然花园；东部以龙泉驿为代表的近郊浅丘，树木葱茏，植被完好，花果飘香，空气清新。整个城区外围的自然生态环境和十里不同乡、百里不同俗的民俗氛围，明显有别于高楼云集、寸土寸金、人口密集大、空气污染明显的成都市区，和城区绿地稀少的情况以及那些地势狭小、多年没有变化的常规景点比起来，对城市居民来说更为新鲜刺激。城里人在一日、一月或一段时间紧张地工作、学习后，能够走出狭小的住房、拥挤的街道，离开嘈杂的氛围，远离空气污染，到郊外开阔的视野下去呼吸新鲜空气，既让自己的身体在高压之后得到休息，又使自己的心灵在嘈杂之后得到久违的安宁，还可以寻找一些运动休闲的乐趣，这是他们对农家乐普遍的心理期待。

成都人虽然有游赏、体验休闲文化的强烈意识，但多数人并不愿意花时间和金钱远征到著名风景点去参加那些惊险刺激、对体能和意志要求都比较高的体育旅游活动，通常是就近考虑休闲旅游地，力所能及地参加一些活动。从距离上看，成都周边分布在环城市一带的农家乐，交通便利，出城方便。而对离市区较远的一些著名乡村农家乐群，依靠纵横分布的多种等级的交通网络，自驾车出游也比较容易到达。成都市民也具备了自助出游农郊的条件。作为休闲城市，市民普遍追求舒适优雅的生活，购车族据统计排在全国第三，为家庭周末、节假日郊外出游创造了条件。业内人士称，作为国内私家车第三城，成都有着众多的车友会，这部分人也成为民间体育运动大军重要的组成部分。农家乐便宜的消费也颇具魅力。

以休闲度假为目的的家庭或团体方式出游农家乐并参加一些消费不高、自娱自乐的锻炼活动不仅方便实惠，也能为满足城市人的休闲文化需求提供有效途径。

二、乡村文化传承的需要

川西平原土壤肥沃，历来以耕作著称。农民有较好的天然条件获得较好的收成，平静而自在地过着农耕生活。如果用西方体育视角来衡量，可能会认为川西平原农村几乎没有什么体育活动。事实上，川西平原广大农村不仅是有体育的，而且拥有独特的体育民俗活动，比如，村落性的有特殊意义的游艺民俗活动舞龙、舞狮子，群体性的竞技民俗活动赛龙舟、游泳、拔河、登山、放风筝、踢毽子、跳绳、跳石子、报鸡公车、转陀螺、斗鸡等，个体性的活动如武术、气功等。另外，随着教育的普及，现代球类运动在乡村学校的学生中普遍推广，乒乓球、羽毛球等小球运动在成人中也开展较多。这些活动的共同特点是：以传统体育项目为主，闲散的、独享的活动多，融入了一些易于操作、较为普及的现代体育活动。

这些看起来比较简单的活动，其实孕育了丰富的内涵，活动的内容构成了乡村民俗文化的一部分。从文化传承的角度看，现代乡村旅游不仅应该继承这些活动，而且应该进一步发扬光大，挖掘其极具潜力的文化功能。传统农村要走向现代化，必须有现代文化进入农民的生活当中，其发展仅靠自身传承传统而隔绝脱离现代体育是不行的。同时，把现代体育推向乡村，也是一种必要和发展趋势。事实证明，充满生活生机的地区，往往是现代体育开展得比较多的地区。村民从事什么体育娱乐活动，就形成其相应的文化取向。因而，引入积极健康的现代体育休闲活动项目，以激发和补充乡村传统体育活动，是农村体育更新发展的需要，是乡村文化传承的需要，也是解决农村文化生活单调乏味现象的一种有效途径。当然，人为地引入需要在条件成熟或创造适宜的条件下逐步推行，并且还要适当保留和发扬传统体育，使现代体育消融在传统体育的世俗结构之中，这样在乡村开展的体育活动才会有扎实的文化底蕴和真实的魅力，也才能更为长久地传承下去。在这样一个文化传承的过程中，通过农家乐旅游这种形式，把现代体育活动融入其中，是比较顺其自然的做法。

三、城乡体育旅游联动发展的需要

把休闲生活方式推广到农村、在农家乐旅游中融入适当体育休闲活动项目，并不只是单方面有利于城市休闲体育发展，或单方面有利于农村体育发展的对策。城市对开展体育休闲运动的需求与农村吸纳包容现代体育的需要，在农家乐旅游形式中可以找到契合点，二者协作联动，能互相促进，资源互补，共同发展，达到双赢互利的效果。

通过农家乐旅游这种形式，在旅游活动中以游客需求为根本，根据旅游者兴趣、爱好的变化并结合农村当地实际和文化发展需要，设计和开发相应的体育活动项目，不断加以改进和创新，向客源市场提供内容丰富、功能完善的服务产品，大力吸引热衷于体育活动、热爱健康的城市游客前来消费。因此，带来的人流、物流及技术、人力、信息、资金等，在一定程度上可以打破相对封闭状态，促进城郊和乡村的开放开发。同时，人流、物流及技术、人才、信息、资金向乡村的转移，也为城市体育旅游的发展开辟了一条新的出路，拓展了更为广阔的生存空间。通过体育休闲活动这一纽带，才能把城市休闲体育和乡村体育的发展连接起来，才能将城市居民中萌发的回归自然、找寻和更新自我的新型休闲需求和农民对增收致富、建设美好家园的渴望联系起来，建立一种促进心灵沟通和返璞归真切实体验的新型旅游关系，一定程度上将旅游资源优势转变为经济优势，在城乡游客互动中带动推动农家乐旅游持续稳定地发展，并带动城乡体育旅游产业的发展。让农家乐旅游成为城里人提高生活质量的一种新形式，也是农民致富的一个新渠道。

四、农家乐产品升级和可持续发展的需要

通过调查对比我们看到，川西平原开发较早的一批农家乐，包括曾经成名的品牌农家乐，安于现状而不进行旅游产品的更新和升级换代的乡村旅游资源，因为满足不了人们的需求而不再时尚，有的甚至逐渐被人们淡忘，旧的客源不断流失，昔日的繁荣风光难现，经济效益明显下滑，出现不可避免的衰退迹象。

而后起之秀的一大批农家乐，注意吸取老农家乐的教训，注重高规格的设计规划和上档次的多功能开发，在迎合城市游客文化品位上下功夫，尤其把具有人本色彩的健身康体作为重大主题来考虑，其开发的有趣的活动项目、崭新的旅游产品、丰富的旅游内容，越来越显示出不可抗拒的魅力，以此吸引游客并推动游客量稳步增长，形成新的经济效益增长点。

乡村旅游开展所依托的资源，是充满生机与兴旺景象的、能将游人融于其中的环境、氛围和活动。在这些因素中，活动的开展是最具活力和创意的内容，与人的秉性和需求息息相关。只有开发好旅游活动，充分满足游客需求，才能实现

旅游业自身的繁荣与发展，实现可持续发展。传统农家乐旅游单调乏味的传统旅游产品，已经不为现代城市游客所选择，到了非改不可的地步。社会的发展、人们观念的进步、健康休闲需求的增长，都对农家乐的发展提出了与时俱进的要求。事实证明，在农家乐旅游中大张旗鼓地开展具有民风民俗特色的文体活动，是吸引游客和稳定目标市场的有效途径，也是农家乐旅游产品升级换代的发展方向。因此，体育融入农家乐旅游，是农家乐产品升级的需要，也是其可持续发展的需要。

第三节 数字经济驱动的体育项目融入农家乐旅游的可行性

一、市民改变休闲生活方式有利于促进体育活动开展

成都市民作为川西平原农家乐旅游的客源主体，其休闲心态和休闲生活方式的取舍，直接影响到农家乐旅游活动内容的选择。积极向上的休闲心态，会让人选择健康有益的休闲活动。成都近年来表现出来的一个新的消费趋势是：请人流汗成为新时尚，休闲成都追求动感休闲。

一股强劲的民间运动潮却席卷蓉城，从游泳馆到健身房，从网球场到羽毛球场，从骑自行车到登山……数以十万计的成都人投入这股热潮，无论是朋友相聚、公司活动，还是网友碰头、车友相约，很多人都离开麻将桌，投入到了"请人吃饭，不如请人流汗"的各项运动中。

更多的运动正在被往常爱打麻将、一坐就是几小时的成都人所追捧。据了解，最近两年，足球、排球、乒乓球、门球、高尔夫以及骑马等项目也在不同层面的成都市民中流行开来。除传统的运动项目外，登山也逐渐成了一种新时尚。一场自下而上的群众运动热潮正在对市民早已司空见惯的陈旧生活方式发起挑战，健康、新鲜的休闲生活方式正在促进成都人体育健身观念的形成。而体育休闲健身观念的形成，又为成都人热爱并积极参与体育活动奠定了坚实的思想基础。

二、城市空间有限使运动休闲场所向乡村转移

与成都日益高涨的体育锻炼热潮不协调的是，市区体育锻炼休闲健身的场地设施严重缺乏。目前，成都市最火爆的民间体育运动项目是羽毛球。据业内人士称，眼下蓉城羽毛球场地不超过200块，对外开放的专业羽毛球馆约20多家，而打球者超过30万人，仅"五一"前夕，代表成都业余羽毛球运动水平的"菜菜帮""快乐之家""长风局"等国内小有名气的羽毛球俱乐部，就新增会员若干人。省体育馆、市体育馆、城北体育馆这些人们熟知的羽毛球馆经常提前被预订一空，有的由民间人士投资兴建的场馆，经常要等上两三个小时才有空位。遍布蓉城的各大健身房更是生意兴隆，不少比较高档的健身会所消费都已翻番，但应者仍然激增。

成都人休闲健身的活动场所，市区内难以有理想的发展空间，随着各方面条件的成熟，无疑将逐步向周边的广大乡村转移，而价廉物美、带有浓厚休闲色彩和活动参与性的农家乐旅游，成为都市人心目中新的期待。

三、政府倡导健康生活方式有利于推广体育休闲旅游

在"文化强市"理念的指导下，成都市有关领导更是意识到了体育对于塑造城市品牌的价值，在各种场所大力推销成都的体育明星和群众体育运动。运动正在成为成都市的一张新名片。

在举行的中国成都财富峰会上，当向全球知名跨国公司的代表推荐成都时，时任成都市市长葛红林很自然地用获得温网女双冠军的晏紫、郑洁开头，并自豪地说："成都是中国网球的福地，也是中国西部网球普及率最高的城市。天府之国的成都人，不仅爱休闲，更爱运动。"副市长何华章则在多个重要的外事场合递出成都的运动新名片。他说，成都兴起网球热和其他运动热，一方面是自然条件原因，另一方面与成都人的开放、包容、乐于接受新事物的性格有关。"随着生活水平的提高，成都这个中国公认的休闲之都，越来越崇尚运动，老百姓在运动中精神面貌更加积极上进，城市也因这许许多多积极上进的百姓而散发出整体的活力和生命力，朝气蓬勃。"可以说，一直给人以温和悠闲印象的成都正变得越

来越"好动"，体育运动正在成为成都人的主要生活和交友方式之一，并开始影响和改变这座城市给人们的印象。成都——中国知名的休闲城市，借助红红火火的民间运动，正在迈向动感，成为运动的活力之城。运动成都加上休闲成都、文化成都、旅游成都，以体育休闲为主题的新型旅游，必将成为成都旅游的一大特色。

第四节　开发模式构建的原则与思路

一、开发模式构建的原则

在川西平原农家乐旅游开发中融入体育休闲活动项目，应该把握好以下原则：

第一，根据乡村体育的特点，开发传统的、地域性的娱乐休闲体育项目，促成传统与现代体育的相互协同，并与当地村民的生活交融在一起。

第二，根据游客的特点，结合本地资源情况，做好市场定位，既突出特色，又符合当地经济发展水平和城市游客实际需要。

第三，结合农村天然、朴实、绿色、清新的环境氛围，突出天趣、闲趣、野趣，挖掘和展现乡村体育旅游的独特魅力。

第四，设计好能吸引普通市民游客共同参加的活动，照顾到老人、青少年、妇女等各种群体的体育需求和爱好。同时项目成本较低，易于实施和管理。

二、开发模式构建的思路

川西平原农家乐以单家独户独自经营为主，占地面积也小，前庭后院摆设了用以品茗、棋牌以及餐饮的桌椅等设施以后，已经没有多大活动空间，院内景致和陈设已成定制的格式，要在这样的弹丸之地设置丰富有趣的体育活动项目是不现实的，规模有限、封闭经营始终是农家乐提升综合服务功能的致命弱点。即使在规模可观的乡村农家乐，各家虽然连户成片，比比皆是的篱笆墙仍然隔离出了分明的界线，彼此无法冲破牢固的藩篱、家族经营的状态进行联合开发，真正形成集游、食、宿、行、娱、购于一体的产业链。鉴于此，可从融入途径、融入方式、融入类型的角度，分别构建把体育项目融入川西平原农家乐旅游的不同模式。

（一）融入途径模式

着眼于已有农家乐景点，从内部进行资源整合由政府或投资主体引导相关个体或小型农家乐旅游点，通过合并、合资、合作等方式组合，多方面多角度整合旅游资源，扩大用地、场所、规模，在保持农家乐原有经营品种、乡土化特色的基础上，从中规划、新建体育运动场所，配置简便易行的体育活动器材，增设体育休闲活动项目，为游客提供富有民风民俗风情的大众化的体育服务，让游客在闲散、自在、随意、轻松中参与锻炼和娱乐。所设置的项目多是传统的、人们喜闻乐见的游乐项目，投入不多，不需要特别技巧技能，体力消耗量因人而定，随人所长。有的项目可以免费提供设施，如羽毛球、乒乓球、网球，包括到附近不加任何修饰的池塘里游泳、垂钓、泛舟。特别新奇有趣的项目如划船、骑马、赶牛车等可以收取和农家乐消费水平相匹配的活动费用。还可以派专人演练踩水车、推鸡公车等劳作技能和转陀螺、放风筝等传统体育游戏，传授舞龙、腰鼓、秧歌等文体活动技巧，让游客能够充分参与其中。这种模式以丰富农家乐活动、增添乡村旅游情趣为目的。通过资源整合，自身完善了硬件设施，也提高了服务水准。

（二）外部注入式

着眼于成熟农家乐景区，从外部进行资源配置，吸引经济实体在景区外围或附近投资新建具有游、乐、休闲、锻炼等多种功能的专门运动场所，以体育休闲运动为主要特色，设置专业体育运动设施，开发中高档体育运动项目，主要是休闲性的现代体育运动项目，吸引游客参与适量运动或游乐性竞赛，同时提供技能培训、技术指导、竞技表演、信息咨询、按摩保健等多种类型的体育服务，定期开展有关健身健美、康体养生、延年益寿知识的讲座，满足游客特别是比较固定的回头客休闲健身的需要。这种专门场所需要引进有关技术和人才，有一定专业水准，投入较大，成本较高，消费相对于农家乐高。所经营的内容与农家乐有所区别，但总体风格与当地民风民俗协调。这种模式以提供丰富多彩的活动为主要目的，作为农家乐旅游的补充而存在，从不同方面服务于游客。龙泉阳光体育城即属于这种模式。

（三）融入方式模式

1.乡村健身休闲俱乐部

建在环城农家乐园的近郊范围，作为环城农家乐开展各种体育活动的基本组织形式。融入途径为外部注入。俱乐部投资者、组织者为农家乐业主，开设目的是为城市人提供乡村自然环境的休闲、健身、娱乐场所。其外部形式可以是室内体育场地，包括馆、池、房、厅，也可以是户外体育场，能与自然环境协调融合，同时配以会议室、更衣室、餐饮、茶品等常规农家乐服务。开展的项目主要为现代体育活动。根据规模大小和所处口岸与城市居民居住区的关系，可以综合性地同时开展多个项目，如球类运动、体操类运动、游泳类运动，也可以只开设某个单项，突出一个主题和特色，如能体现成都自行车国土特色的自行车拉力赛。比起城内健身俱乐部，乡村健身休闲俱乐部场地宽，空气好，可选择的活动多，主要利用周末和节假日开展活动，活动起来时间更充裕，感觉也更随意舒适。配以农家乐的生活服务，富有特色，消费低廉。

2.体育休闲乐园

适用环城农家乐圈和乡村农家乐群的多种农家乐。内部融入和外部注入的途径都可以采用。要求农家乐有较大的经营规模和天然成趣的自然环境，在其面积有限的用地上集中设置和建造适宜的体育设施，把乡村环境、绿地与运动场所有机融合为一体，在显现自然景观的同时，也建成了体育健身场地，供游客进行体育休闲和锻炼，参加体育游戏。如在草坪和林中空地、硬质地面上建游戏场、球场、游泳设施，建湖泊、码头，投放小船等，开设健身操、柔道、舞蹈、乒乓球、门球、台球、旱冰、蹦床等具有文体一体化特点的体育活动，或接力赛、拉力赛等趣味性游戏活动。既有大众运动设施，也有儿童游乐项目，规模大小和开发主题因地制宜，避免同质化。开发中注重把这些活动的韵律性、传统性、休闲性充分展示出来，体现出人、自然与环境之间的和谐关系，为游客安静休息和从事多种形式的娱乐、锻炼活动创造宜人的环境。

3. 体育休闲农庄

建在远郊农家乐群集地带。农庄由相关农家乐旅游点联合组建，彼此协调成有多个自然景点、多种体育项目基础设施的大规模、集约化农家乐旅游实体。融入途径为内部融入。能因地制宜开发各类设施，如射击的场地，遛马的通道，戏水的池塘，野炊的树林和山坡，还有具备一定体育知识的从业人员。以民俗体育活动项目为主，可开展的项目有：较为平和的活动，如徒步、秋千、跳绳、钓鱼、登山；较为刺激的活动，如骑马、赶车、斗牛、射击、打猎、野炊、野营、山地自行车；高科技的活动，如热气球也可以尝试。因为有这些活动的支撑，农庄一年四季都可以对游客开放，春天可以踏青、赏花、烧烤，夏天可以游泳、划船、垂钓，秋天到林中采摘果子，在树林里远足、采蘑菇，冬天则参加骑马、旱冰、网球等运动。还可以参观庄园历史文化展览，观赏民俗歌舞表演等。农庄至村口或所属城镇的车站建有适合慢跑、走步等的林荫乡村小道，备有马车或牛拉敞篷车等古朴的进村交通工具，这些仿古的乡村交通工具可以专程在村口或车站接待客人，以此开启都市游客梦幻般的乡村之旅，将路途时间无形地转化为旅游时间。

4. 农郊野营地

建在远郊农家乐群集地带。融入途径为内部融入。在农家乐附近景色秀美的小河边、山坡下、果园里、树林中，依托绿色农业营造的生态旅游环境，依山傍水开辟农家乐露天野营地，为都市游客提供野外吃、宿、游、玩服务，让游客在参与中学习，在游玩中放松，在休闲中度假，在自然环境中沐浴、活动、锻炼。营地配有小木屋、帐篷、睡袋、锅碗等基本生活用品。三餐都进行野炊，除必备用品外，一些食物由游客自己去野外寻找、安排，如地里摘菜、河中淘米、塘中钓鱼、路上逮鸡。游客自起炉灶，自寻柴火，自助烧烤，白天参与劳作，晚上守护果林，可以有充分的机会享受大自然的野趣，体验生活的自然本色，感受人与自然的和谐关系，也通过这一过程来锻炼身体，培养游客自己动手的能力和面对困难、战胜困难的勇气。

（四）融入类型模式

1. 自主式

由农家乐业主提供富有休闲娱乐特色的体育活动基本设施，设置多种类型的、能够协调于乡村自然风景和人文景致之中的体育娱乐项目，包括收费项目和免费提供的项目。游客根据自己的喜好、年龄及身体状况，自行选定一定规格档次的项目进行活动，或单个项目，或组合项目，或个人参加，或家庭成员、亲戚朋友共同参加，不受时间、人数、程序的限制，顺应乡村体育的随意性和闲散性氛围。自主式体育活动不以活动本身为目的，而是强调把人的活动融于自然之中，在回归自然的体验中寻求动感的乐趣，感受生命的意义。适宜开展休闲型、参与型、游戏型的活动项目，特别是传统体育活动项目。这是川西平原农家乐目前已有文体活动中最自然最普及的一种游客参与方式。

2. 组织式

由农家乐业主根据游客的要求，统一组织开展大家共同感兴趣的体育休闲活动项目。借助农家乐已有场地、环境和体育活动设施，聘请商业化体育活动公司的专职人员前来组织开展新奇、时尚、趣味、刺激的体育游戏，并根据活动量和专业水准情况，收取活动经费。重点在活动上做文章，活动内容上力求以新奇性、精彩性吸引游客；活动形式上，以团队来组织，对众多游客分组分角色，让角色与角色之间互相配合，组别与组别之间互相竞赛，既有对抗性，又有观赏性，不仅营造出活跃的气氛，也调动了游客的参与积极性，使参与者在娱乐中瘦身，并从中感悟竞争意识和团队协作精神，给人以教育。这种方式可以有效而又低成本弥补农家乐旅游没有活动、少有乐趣的缺陷，适合成人、学生团体型旅游。如龙泉岛一些大型一点的度假村，就采取这种形式聘请专人指导开展彩弹野战游戏等活动，有的一天之内邀请三个专业队的教练前来组织不同的活动，把游客的旅游过程搞得新鲜刺激，自身效益也明显上升。

川西平原农家乐旅游在全国同类行业中始终独树一帜，具有举足轻重的地位。在 2006 年 5 月结束的中国国内旅游交易会上，国家旅游局正式把成都郫县友爱镇农科村命名为"中国农家乐发源地"。这个命名可以说意义重大，它明确了以成都市为地域中心的川西平原城乡农家乐，在中国农家乐旅游发展史上的先河地位，充分肯定了其近 20 年的发展成就，以及对传统旅游业的影响和冲击。

但是，现有成绩并不能一劳永逸。认识和解决农家乐旅游项目设计、开发的缺陷，极大丰富其文化内涵，是川西平原农家乐提高经济效益和实现可持续发展的关键一环，其已经成为刻不容缓的理论和实践课题，值得从战略发展的高度予以重视并加强研究。

农家乐旅游应该开展什么活动、生产什么旅游产品，要以消费者的选择为取向。农家乐旅游只有帮助城市游客实现旅游价值追求，满足他们在乡村休闲、娱乐、健身的需求，才能有效地迎合游客千差万别的需求，保持旺盛的生命力，最终实现自身的可持续发展。川西平原农家乐旅游能够发展到现在这个阶段，取得不可小视的成就，一个重要的原因，就是它抓住了时代变迁所带来的机遇，顺应了人们生活方式的改变，借助于田园风光，在一定时期，一定程度上满足了城市居民喜爱乡情野趣、回归自然的精神文化需求。

随着当今城市的快速发展和城乡一体化进程的推进，城市居民的生活方式又在发生新的变化，人们日益崇尚休闲，更加关注自身和家人的身心健康，追寻清新自然的环境，热衷于对身体有益的各种体育活动，由此对农家乐旅游这种形式，也提出了更多更高的活动要求。

从川西平原各地农家乐旅游的自身优势和成都市社会、经济、文化背景及其发展趋势来看，有选择地把一些休闲体育运动项目融入农家乐旅游中，把体育项目与农家乐旅游有机和谐地结合起来，开发独具特色的乡村体育旅游，不仅可以极大丰富农家乐旅游的内容、扩大其经营规模，提升其综合服务功能，而且可以以特有的方式和魅力，牢牢吸引以成都市民为主要对象的城市游客，为实现农家乐经营和城市体育旅游的互补双赢开拓新的发展思路，符合旅游资源开发的特色性原则，是构建川西草原农家乐旅游新型发展模式的有效途径，同时也可为全国其他地区农家乐旅游新开发提供借鉴。

第十章 数字经济驱动的体育旅游的可持续发展

本章为数字经济驱动的体育旅游的可持续发展，共分为两节，分别是数字经济驱动的旅游业可持续发展理论，数字经济驱动的体育旅游的可持续发展含义、目标及原则。

第一节　数字经济驱动的旅游业可持续发展理论

一、旅游可持续发展理论的提出

20世纪，当地球生态环境和自然资源遭受严重破坏，人类面临人口、资源、环境、生态等严重问题时，为了兼顾当代和后代利益，人们提出"可持续发展"战略。该战略是21世纪各国处理和协调人口、资源、生态、环境、社会、经济相互关系的共同发展战略，是人类生存和发展的必由之路，是各行业不断发展的关键环节。

自20世纪60年代以来，大众旅游迅速发展。截至1985年，全世界国内旅游总人次已达38.67亿，占当年世界总人口的79.86%，即全球平均每5个人便有4个人参加了旅游活动，旅游消费额达17 550亿美元。1999年，世界旅游理事会利用卫星账户对全球旅游消费预测的结果高达24 041亿美元。这么多人和这么大的旅游消费，一方面对各国的经济发展和就业的增加作出了贡献，另一方面也对其社会和环境产生了很大压力，尤其是发展中国家不得不承受沉重的压力，这种情况引起了一些专家、学者和学术机构的注意，开始调查研究。

1972年，联合国在斯德哥尔摩通过了《联合国人类环境会议宣言》，第一次提出了环境与发展的主题。1976年12月，世界银行和联合国教科文组织在华盛顿召开了以"发展中国家旅游发展对社会和文化影响"为主题的研讨会，寻求解决问题的办法。后经伊曼纽尔·卡特教授整理，汇编成《旅游——发展的通行证吗？》一书。该书列举了旅游对印度尼西亚巴厘岛、塞舌尔、塞浦路斯、马耳他、突尼斯、墨西哥巴亚尔塔港和塞内加尔的经济、社会、文化和环境的影响。随着该书的出版，人们对旅游这方面的研究也逐渐增多，一些国际组织也纷纷关注。正是在这种背景下，旅游可持续发展与对策问题便摆在了议事日程上。

1982年联合国大会成立了三个高级专家委员会，对环境与发展主题进行研究。之后发表了《我们共同的危机》《我们共同的安全》《我们共同的未来》3个纲领性文件，提出为了保证安全，克服危机和创造未来，都必须实施可持续发展战略。

1989 年 4 月在荷兰海牙召开的各国议会旅游大会上，第一次明确提出旅游可持续发展概念。大会不仅形成了旅游可持续发展的思想，而且作出了有关旅游可持续发展的原则结论以及建议措施。

1990 年，在加拿大温哥华举行的全球可持续发展大会上，世界旅游组织行动策划委员会提出了《旅游可持续发展行动战略》草案，明确提出了"可持续旅游"的概念，构筑了可持续旅游与旅游业可持续发展的基本理论框架，并阐述了旅游业可持续发展的主要目标："增进人们对旅游所产生的环境效应和经济效应的理解，强化其生态意识；促进旅游的公平发展；提高旅游接待地区的生活质量，向旅游者提供高质量的旅游经历；保护未来赖以开发的环境质量。"

1992 年，联合国在巴西召开了由各国领导人参加的环境与发展大会，集中研究了世界经济与环境的关系，提出了可持续发展问题，即要使各国经济持续发展，必须保护环境、节约资源，号召各国政府采取措施，保护与治理环境，有效利用资源，并要求发达国家多承担义务。会上一致通过了《关于环境与发展的里约热内卢宣言》和《21 世纪议程》，其中《21 世纪议程》直接提到了旅游业。

1993 年，可持续旅游月刊在英国问世，标志着可持续发展的思想已在旅游理论界占据相当的地位。

1995 年 4 月，联合国教科文组织（UNESD）、联合国环境规划署（NUEPP）、世界旅游组织（WTO）和岛屿发展国际科学理事会在西班牙专门召开了"可持续旅游发展世界会议"，大会通过了《可持续旅游发展宪章》和《可持续旅游发展行动计划》，为可持续旅游的发展规划提供了一整套行为规范和具体操作程序，标志着世界旅游业发展进入了一个新的历史阶段。《可持续旅游发展宪章》通过了 18 条原则和目标，大致可归纳为：旅游发展必须建立在生态环境的承受能力之上，符合当地经济发展状况和社会道德规范，与自然、文化和人类生存环境成为一个整体，对旅游发展负有责任的政府机构、协会、环境方面的非政府组织应通力合作，加强可行性研究，拟定发展框架，完善旅游规则，实现地区乃至全世界旅游可持续发展。

1995 年 4 月 24 日至 28 日，联合国教科文组织（UNESCO）、联合国环境规划署（NUEPP）、世界旅游组织（WTO）、岛屿发展国际科学理事会在西班牙加那利群岛的兰萨罗特岛（联合国环境规划署环境保护实验区）召开了"可持续旅游发展世界会议"，讨论旅游业如何具体落实《里约热内卢宣言》。大会特别强调了以下五个方面：第一，仅认识旅游对经济发展的重要性还不够，还应认识旅游对环境保护的依赖性。第二，发展旅游要立足长远，必须克服短期行为。第三，旅游和环境保护结合起来才能获得持续发展。第四，旅游业的持续发展应与经济、文化等其他领域的发展相协调。第五，21世纪是环境保护的关键时期。会议通过了《可持续旅游发展宪章》和《可持续旅游发展行动计划》。

1997年2月16日至19日，世界旅游组织亚太地区旅游与环境部长会议在马尔代夫召开，会议讨论了亚太地区旅游业发展与环境的关系。会议认为旅游可持续发展的目的应该包括：第一，有效提供旅游产品和服务，从而为发展当地的经济与当地的生活服务。第二，增加就业。第三，保护并妥善管理自然资源以保证生物的多样性及生态平衡。第四，维护和提高居民的生活质量。第五，在同代、两代乃至几代人之间实现财富分配的均衡。1997年，联合国第十九届特别会议首次将可持续旅游业发展列入联合国可持续发展议程。1997年，我国"首届全国旅游业可持续发展研讨会"在北京召开，并通过了一个名为《中国旅游业可持续发展的若干个问题与对策》的报告。1998年10月14日至18日在我国桂林举行了亚太议员环发会议第六届年会，讨论了亚太地区环境和资源保护与旅游业可持续发展面临的挑战以及有关战略行动。会议通过了《桂林宣言》。

二、旅游业可持续发展的含义

旅游业可持续发展是指在维持文化完整、保护生态环境的同时，满足人们对经济、社会和审美的需求。具体来说，即旅游业可持续发展是在不损害环境持续性的基础上，既满足当代人高质量的旅游需求，又不妨碍满足后代人高质量的旅游需求；既保证旅游经营者的利益，又保证旅游者的利益、旅游地居民的利益，实现旅游业长期稳定和良性发展。其实质就是不断保持环境资源和文化的完整性，并能给旅游区的居民公平地分配旅游业的社会、经济效益。

可持续发展既是一个地区旅游业发展的战略方针，也是该地区衡量旅游协调发展的一个尺度。影响区域旅游可持续发展的因素主要有旅游资源、社会经济、环境质量与容量、科技基础等方面。其中核心是旅游资源规模与品位、社会经济综合管理实力及生态环境质量。一个地区能否保持旅游可持续发展，关键在于资源、环境、经济所构成的保障力、承载力、支持力。

（一）资源保障力

旅游资源是一个区域发展旅游业的重要基础。它对区域旅游可持续发展有多大保障力，关键取决于它的规模、质量和开发方式。人们必须改变掠夺式的开发模式，调整旅游经济增长和影响环境投入的使用量增长的对比关系，形成一种旅游资源机构的生态现代化开发模式，以保持旅游地的"强"持续性发展。

（二）环境承载和治污力

旅游对环境的潜在影响效应主要取决于环境的潜在承载力，很大程度上都表现为上述环境的净化和美化。要获得旅游治污的根本效果，就应当实行以预防为主的环境政策，真正达到在旅游环境管理上的预防科学化。

（三）社会经济支持力

社会经济因素是一个复杂的可持续发展的支持系统，它包括一系列的潜在支持力，如科学技术的支持力等。这些支持力的合力是区域旅游可持续发展的重要因素，也是该地区旅游持续发展潜力的衡量尺度。

三、旅游业可持续发展的思想实质

旅游业可持续发展思想概括起来讲应有三个方面的实质含义：一是公平性（fairness），强调当代人的公平、代际间的公平以及公平分配有限的旅游资源，特别是公平分配不可更新旅游资源（这里的公平分配不是指公平占有，主要指满足人们旅游需求的公平机会），在未找到替代性资源以前尽可能地延长旅游资源的生命周期，避免更新资源过早枯竭。二是持续性（sustainability），强调旅游资源的开发与旅游业的发展应在生态系统的承载能力之内，保持生态生命支持系统和生物多样性，保证可更新资源的持续利用，同时使不可更新资源的消耗最小化。因为旅游业发展对不可更新旅游资源的消耗是绝对的，且随着旅游开发利用的程度增强而生命周期呈缩短趋势，为了后代人公平享用这些资源，必须对旅游的发展提出速度和规模的界限，这正是可持续发展与以往任何发展思想最明显的区别所在，反对为满足当代人需求和为谋取短期利益而掠夺式开发旅游资源。三是共同性（common），由于各国文化、历史和社会经济发展水平存在较大差别，旅游可持续发展的具体目标、政策措施和实施步骤不可能是唯一的，但是，可持续发展作为全球发展的总目标，它所体现的公平性和持续性精神则是共同的，并且实现这一总目标必须采取全球共同的联合行动，既尊重所有各方的特色与利益，又要在保护全球环境与发展体系方面采取国际统一行动，进一步发展共同的认识和共同的责任感，反对狭隘的政治观、区域发展观和缺乏共同性的民族观，它更接近于把地球作为一个整体来对待，体现的是全人类的共同利益和发展需求。

四、旅游业可持续发展的内容

旅游业可持续发展包括生态环境的可持续发展、经济的可持续发展和社会的可持续发展。

（一）生态环境的可持续发展

维持旅游生态系统的平衡，保障旅游资源的持续利用，是旅游业发展的基本指标和准则。旅游开发不可避免地会改变生态环境的原生状态，旅游业赖以生存发展的生态环境、自然景观、文化特色和传统习惯通常要为旅游活动的发展付出巨大的代价。所以，在资源环境开发利用上要适度、适时，这个度就是生态环境承载能力，即旅游活动的开展不应导致生态环境退化。例如，在自然保护区的核心区，如果旅游者大量涌入，势必破坏和干扰那里的旅游生态环境，所以，就要适当控制游人进入。

（二）经济的可持续发展

经济可持续发展要求以最少的资源和投资获得最大的经济效益，要求旅游供给在数量上、质量上和结构上满足旅游者不断增长变化的旅游需求，要求运用经济手段来管理资源和生态环境，消除或减少旅游业的外部不经济性，以保证经济效益的稳定增长。旅游资源的开发利用必须服从当地经济发展的总体规划，必须充分重视环境成本和社会成本，把环境污染和自然资源的消耗计算在生产成本之内。

（三）社会的可持续发展

社会可持续发展要求用最少的资源或投资获得最大的社会效益，长期满足社会和人类的基本需要，保证资源和收益世世代代地公平分配。社会可持续发展的主要目标之一就是既满足旅游地社会居民的基本需要，改善生活水平，提高生活质量（包括环境质量），又为旅游者提供高质量、高品位的旅游产品和旅游经历，满足其不断增长、不断变化的旅游需求。与此同时，要体现社会公平，既保证同代人的公平发展和公平分配，又要保证代际间的公平发展和公平分配。

（四）环境、经济和社会可持续发展相统一

旅游业生态环境的可持续发展、经济的可持续发展和社会的可持续发展目标是对立统一的整体关系。只有环境可持续，才能实现经济可持续；实现了经济可持续，环境的可持续才有动力，而社会可持续的实现有赖于生态环境的可持续和经济的可持续。只有实现三者的辩证统一，才能尽可能地求得总体结构功能方面的最佳效益，合理利用旅游资源，有效保护生态环境，使社会受益均衡。

第二节　数字经济驱动的体育旅游的可持续发展含义、目标及原则

一、体育旅游可持续发展的含义

体育旅游可持续发展是指以资源和生态环境承受能力为基础，以符合当地经济、文化发展状况和社会道德规范为标准，实现体育旅游发展与自然、文化和人类生存环境的协调统一，既能满足当代人的需求，又不对后代人满足其自身需求的能力构成危害为目标的发展思想和发展道路。

首先，体育旅游可持续发展必须以保护旅游资源和生态环境不受破坏为前提。

体育旅游资源和生态环境的保护是体育旅游赖以发展的基础，需要政府部门、管理部门、当地居民和旅游者的共同参与。对于体育旅游参与者来说，总希望自己选择的旅游目的地环境优美，文化特色浓郁，喜欢体验原始自然的感觉。对于体育旅游目的地来说，为了能在旅游市场激烈的竞争中求得生存和发展，为了改善和提高居民的生活质量，为了促进经济的繁荣和社会的文明，也越来越注重自然环境的开发和有效利用、人文资源的继承和发扬以及自然和社会环境的保护和净化。而体育旅游的可持续发展，就要求旅游与自然、文化和人类生存环境成为一个整体；要求旅游者不断增强自身的环保意识，与体育旅游资源的管理者共同保护体育旅游资源和自然、人文环境不受污染。两者之间的相互促进作用，正是推动体育旅游资源向前发展的主要动力。

其次，体育旅游可持续发展要同当地的经济、社会、文化发展相协调。经济可持续发展是体育旅游可持续发展的前提。离开经济可持续发展，体育旅游可持续发展就会成为无源之水、无本之木。发展体育旅游必须以当地经济发展所提供的各种机遇作为发展的基础。无论是客源地还是旅游目的地，体育旅游的发展都应与当地的经济有机地结合起来，使其对当地的经济和社会发展起促进作用。自1992年联合国召开环境与发展大会之后，世界各国政府对经济和持续发展问题都非常重视，纷纷根据各国的具体国情制定了经济可持续发展战略，并以此为指导，制定其经济和社会发展的五年计划和远景规划，采取各种措施进行落实，从而为经济的持续、健康发展创造了条件。随着社会不断向前发展，体育旅游将成为人们的普遍生活需求，人们对体育旅游的期望将越来越高，社会对旅游者提供的体育旅游产品的质量也会越来越高，体育旅游资源的文化含量和环境质量的提高也将越来越受到重视，这就形成了体育旅游活动中人与自然、人与社会的良性互动发展。而体育旅游发展不仅有助于提高人民的生活质量水平，更有助于加强社会文化建设，两者相互促进，共同发展。

最后，体育旅游可持续发展不仅要满足当代人的物质文化生活需要，而且要为子孙后代着想。发展体育旅游必须建立在资源和生态环境的承受能力之上，要将当前的需要和利益同长远的需要和利益结合起来。在对体育旅游资源开发、利用的同时，不能破坏资源和生态环境平衡，而应使其同步发展。体育旅游资源的合理规划、开发和管理对于提高体育资源的品位、环境质量的改善都有着重要的作用。在发展体育旅游的同时，我们应当遵循循序渐进的原则，切忌为了满足眼前的需要和利益，在体育旅游开发问题上无节制地消耗资源、损害环境，使自然资源受到严重损害，影响我们子孙后代的生活质量，也影响他们对资源的享用。

二、体育旅游可持续发展的目标

体育旅游可持续发展的目标是：使体育旅游的发展规模和发展速度与经济、社会、文化等领域的发展相协调；使体育旅游的发展实现经济效益、社会效益和环境效益的统一；使体育旅游的发展既要满足当代人的需要，又不能危及子孙后代的需要。

体育旅游可持续发展不仅是体育旅游资源和生态环境保护问题，也是人类总体社会生活和长远发展的现实问题。发展体育旅游要立足长远，将近期利益与长期利益结合起来，使体育旅游资源和自然生态环境不仅满足当代人的物质文化生活需求，而且要为子孙后代造福。对于体育旅游环境和文化易受破坏、经济结构单一的地区，我们应在资金和技术方面给予支持，优先考虑，以实现该地区体育旅游的持续发展。体育旅游可持续涉及自然、社会、经济和技术等多方面因素，同各级政府、旅游企业、游客、居民和体育旅游从业人员息息相关。

三、环海体育旅游可持续发展应遵守的原则

（一）合理规划、综合决策、协调发展

在发展环海体育旅游、开发利用环海体育旅游资源的过程中，我们应统筹考虑山东省的人口、社会、经济、技术、环境和资源的现状及发展趋势，充分考虑资源、自然生态环境和社会环境对体育旅游发展的承受能力，防止因短期利益而盲目、过度开发对资源造成的破坏和对环境的污染。在环海体育旅游资源开发、设施建设、自然生态环境保护和社会环境维护的决策中，应充分调动和保护各级政府、相关政府部门、社会各界和当地居民的积极性，通过正常的参与渠道，妥善处理体育旅游业与经济、社会、文化总体的关系，近期与长远的关系，保护与

开发利用的关系，旅游者与居民、投资者、经营者利益的关系。通过科学论证，促进环海体育旅游带的人工设施与自然社会环境，区内环境与周边环境的和谐统一，采取法律、经济和行政等手段，消除自然、人为因素对旅游资源造成的破坏和环境污染，以确保旅游资源的可持续利用以及体育旅游与环境之间的协调发展。应将制定环海体育旅游带可持续发展规划纳入山东省经济社会总体发展规划之中，对其进行合理规划、综合决策，使其与经济、社会、环境等协调发展。

（二）开发与保护并重，合理开发，优化利用

在对环海体育旅游带的开发过程中，我们应根据环海体育旅游资源的自身特色和山东省的自然与社会环境，选择合理的开发模式。对那些不能再生的体育旅游资源和有限的体育旅游资源实行有效的控制利用；对可再生的体育旅游资源和无限的体育旅游资源实行充分的利用；对生态脆弱区、环境敏感区和珍稀自然景观、人文景观进行有效的保护，加强污染的防治和保护设施的建设，必要时可实行封闭式保护管理，使一些千年古迹、古建筑能够保存完整。通过对环海体育旅游带的合理开发、优化利用，使该区域的体育旅游资源实现良性运行。

（三）利用法治和经济的杠杆，实现旅游收益的公平分配

要使环海体育旅游带可持续发展，首先要建立法规制度，充分调动广大人民群众参与建设体育旅游资源的热情和珍惜保护旅游资源、自然及社会环境的积极性，使其为当地旅游资源的开发、设施建设、经营管理和服务提供必要的帮助。其次要充分利用市场机制，在不影响旅游地资源和环境保护的前提下，面向市场招徕和吸引游客，以增加旅游收益，为实施保护积累资金。各地市应保证在旅游资源开发过程中有一定比例的旅游收入不断用于自然环境的保护和社会环境的维护。

对自然生态保护区应划分出实验区进行适度的开放，实现保护与开发的协调发展、良性运行。实现旅游收益的公平分配，必要时可以采用法治和经济手段协调各方面的利益关系，调动各方面参与建设的积极性。

参考文献

[1] 雷飞.陕西省冰雪体育旅游产业发展特点及开发 [J].新西部，2018（15）：19-20.

[2] 兰延超，孙宇.吉林省冰雪体育旅游发展路径探析 [J].新长征（党建版），2022（1）：30-31.

[3] 包汉文，胡光辉，刘佰勇.体育消费视域下冰雪体育旅游产业发展问题研究 [J].体育风尚，2021（9）：180-181.

[4] 赵洪波，王保伟.新发展理念下辽宁省冰雪体育旅游产业高质量发展研究 [J].辽宁体育科技，2022（4）：24-28，47.

[5] 毛春卉，薛雪，张健，等.北京冬奥会促进河北省冰雪体育旅游协同发展研究 [J].西部旅游，2020（11）：12-14.

[6] 陶晓明.试析"互联网＋"模式下冰雪体育旅游产业的管理与营销 [J].营销界，2020（48）：7-8.

[7] 王恒.文旅融合背景下辽宁冰雪体育旅游发展路径研究 [J].辽宁行政学院学报，2021（1）：77-83.

[8] 宋述雄，许颖.基于大数据的冰雪体育旅游资源定量评价系统 [J].周口师范学院学报，2020（5）：70-73.

[9] 何宇，潘宏伟.体育消费视域下黑龙江省冰雪体育旅游产业发展研究 [J].中国管理信息化，2021（16）：142-143.

[10]高俊，陈洪坐，井续龙，等.自媒体对我国冰雪体育旅游产业发展的影响研究[J].运动精品，2019（11）：85–86.

[11]高燕平，陆方超.分析体育旅游产业融合发展的动力与路径机制[J].体育风尚，2018（1）：253–254.

[12]金媛媛，杨越，朱亚成.我国体育产业与旅游产业融合发展研究[J].体育文化导刊，2019（6）：82–87.

[13]秦丽芬，张广飞，董雨薇，等.供给侧改革背景下贵州省体育旅游人才供需现状研究[J].中国商论，2019（17）：255–256.

[14]韩国栋.体育旅游产业融合发展的动力与发展路径研讨[J].文化创新比较研究，2018（29）：158–159.

[15]李晨峰."2021年国家体育旅游示范基地"与"2021年中国体育旅游精品项目"（北京入选项目）[J].体育博览，2022（1）：28–30.

[16]盛鑫.产业融合视角下体育旅游产业发展研究[J].旅游纵览（下半月），2015（22）：29.

[17]刘晓明.广东体育旅游开发存在的问题及对策[J].价值工程，2013（5）：152–154.

[18]贾文伟.辽宁体育旅游特色小镇优势分析与发展路径研究[J].渤海大学学报（哲学社会科学版），2022（3）：69–73.

[19]张诚，孙辉.乡村振兴战略背景下乡村体育旅游的发展困境与优化路径[J].湖北经济学院学报（人文社会科学版），2021（9）：40–42.

[20]林章林，刘元梦.标准化助推体育旅游高质量发展[J].质量与标准化，2021（5）：1–5.

[21]郭卓然，朱梅新，朱俊宇.新疆冰雪体育特色小镇建设与发展趋势研究[J].当代体育科技，2023，13（15）：93–97.

[22]林子程.北方地区冰雪体育旅游营销现状及未来发展策略研究[J].营销界，

2019（47）：169-170.

[23] 李顺蛟. 黑龙江省冰雪体育旅游发展模式研究 [J]. 当代体育科技，2020（2）：
179-180.

[24] 原儒建，周宏炜，李泓. "冬奥会"与冰雪体育旅游品牌建设——以河北省
张家口市为例 [J]. 河北北方学院学报（社会科学版），2020（1）：114-116.

[25] 刘德军. 我国体育旅游产业发展制约因素及解决措施研究 [J]. 江西电力职业
技术学院学报，2019（2）：88-90.

[26] 张和平. 杭州都市圈体育旅游产业一体化发展环境研究 [J]. 城市，2021（9）：
36-42.

[27] 仵森，张京菁，王定宣. 全域旅游视域下泸州市体育旅游产业现状分析 [J].
内江科技，2021，42（12）：89-91.

[28] 陈蕾，杨乙元，张昌爱. 乡村振兴战略背景下贵州乡村体育旅游产业发展机
制研究 [J]. 运动精品，2021，40（12）：83-89.

[29] 白庆平，刘微. 产业融合视域下广西体育旅游产业的发展研究 [J]. 桂林航天
工业学院学报，2022，27（1）：74-80.

[30] 都慧慧，毛淑娟. 羌区体育旅游产业融合的现实困境和发展路径研究 [J]. 当
代体育科技，2022，12（9）：105-107.

[31] 闫进富，申紫鹭，周一系. 生态体育视域下恩施州体育旅游产业人才培养的
调查与研究 [J]. 内江科技，2022，43（5）：87-89.

[32] 艾康，刘少英. 海南省体育旅游产业现状及发展对策研究 [J]. 当代体育科技，
2022，12（16）：94-96.

[33] 赵响，赵玉莲. 乡村振兴战略下体育旅游产业发展创新驱动路径研究 [J]. 怀
化学院学报，2022，41（3）：63-67.

[34] 段青. 贵州民俗体育旅游产业 SWOT 分析及发展措施探索 [J]. 体育科技，
2021，42（1）：93-94.

[35]银玲.价值共创视域下体育旅游产业发展策略[J].当代旅游,2022(13):98-101.

[36]范英丽.江西体育旅游产业发展路径研究[J].中共南昌市委党校学报,2019(4):64-66.

[37]张宏志.我国体育旅游的现状及发展战略[J].中国商贸,2012(13):78-82.

[38]黄国波,刘利利,高杰.太原市大学生体育旅游产业发展现状与路径探析[J].山西大同大学学报(自然科学版),2020(6):48-52.

[39]于海,农剑伟.新常态下广西民族体育旅游产业发展的路径[J].冰雪体育创新研究,2021(15):223-225.

[40]张力元,宋继华."美丽中国"背景下黑龙江省体育旅游产业发展[J].中外企业家,2014(9):187-189.

[41]王擎宇,陶蕴文.浅析体育旅游在河南省的开发现状及发展对策[J].当代体育科技,2012(29):47-49.

[42]邵长生,张婷,李英春.体育旅游产业热的冷思考[J].中国经贸导刊,2010(20):38-42.

[43]朱玲.发展壮大四川省体育旅游产业的研究[J].体育科技文献通报,2006(4):56-60.

[44]杨柳青,邱峰.发展生态体育旅游产业的价值与路径探究——以广东省为例[J].湖北开放职业学院学报,2022,35(9):116-118.

[45]袁建伟,谢翔.全域旅游视域下体育旅游产业发展模式建构[J].体育文化导刊,2021(3):88-92.

[46]张红明.云南特色体育产业与旅游产业融合发展研究[J].体育视野,2021(4):88-90.

[47]薛金霞，曹冲.云南体育旅游资源调查与评价研究 [J].太原城市职业技术学院学报，2020（2）：56-58.

[48]雍喜.云南体育旅游融合风头正劲 [J].人民周刊，2019（23）：32-34.

[49]秦浩，李翠林.我国体育旅游发展综合述评：现状、问题及对策 [J].无锡商业职业技术学院学报，2018（3）：72-74.

[50]金黄斌.云南体育旅游发展的现状、问题及对策 [J].学术探索，2013（9）：44-48.

[51]周巍巍.云南省体育旅游资源开发的优势、问题及对策 [J].运动，2013（11）：96-98.

[52]刘诚香，刘林.云南体育旅游发展现状及对策研究 [J].科技信息，2010（1）：118，182.

[53]张丹宇，余绍华.云南省发展体育旅游的市场分析与对策研究 [J].昆明大学学报，2008（4）：26-28.

[54]饶远，张云钢.新世纪体育旅游业发展对策研究——以云南体育旅游资源的开发研究为例 [J].中国发展，2003（3）：64-66.

[55]马晓婷，张芝萌.体育旅游热门境内城市：青岛第三 [N].青岛日报，2021-09-02（007）.

[56]吴学安.如何做大体育旅游的市场"蛋糕" [N].金融时报，2021-08-27（009）.

[57]胡雨凯.创新海南体育旅游 [N].中国社会科学报，2022-01-04（11）.

[58]裴秋菊.2022年康养旅游、体育旅游迎来发展新机遇 [N].中国文化报，2022-03-19（001）.

[59]桂林市体育局党组理论学习中心组.发挥示范引领作用 做大做强桂林体育旅游 [N].桂林日报，2020-12-21（006）.

[60]康琼艳.体育旅游拥抱大众化时代 [N].经济日报，2021-07-22（012）.

[61]王伟杰.奥运的夏天 体育旅游积能蓄势 [N].中国文化报,2021-08-09（003）.

[62]关于高质量创建全国体育旅游示范区的建议 [N].贵州政协报，2020-01-21
（A02）.

[63]邢丽涛.体育旅游成为新的生活方式 [N].中国旅游报，2019-06-14（008）.

[64]董二为，邢丽涛.更快更准更精发展中国特色体育旅游 [N].中国旅游报，
2019-11-25（A04）.